Walny Vianna

DIREITOS HUMANOS E CIDADANIA

ENSINO FUNDAMENTAL

VOLUME 4

1ª edição
2011

Direitos Humanos e Cidadania.
© Walny Vianna, 2011.
É proibida a reprodução, mesmo parcial, por qualquer processo eletrônico, reprográfico etc., sem autorização, por escrito, do autor e da editora.

Dados para Catalogação
Bibliotecária responsável: Luciane Magalhães Melo Novinski
CRB 1253/9 – Curitiba, PR.

Vianna, Walny.

Direitos humanos e cidadania : 4º ano, ensino fundamental / Walny Vianna ; ilustrações Cide Gomes. — Curitiba : Base Editorial, 2011.
152 p. : il. ; 28 cm. – (Coleção dhc ; v. 4)

ISBN: 978-85-7905-494-5

1. Direitos humanos e cidadania (Ensino fundamental) – Estudo e ensino. I. Título. II. Série.

CDD (22ª ed.) 304.2

Direção geral
Base Editorial
Supervisão editorial
Marcos V. Lobo Leomil
Coordenação pedagógica
Grenilza M. Lis Zabot
Revisão
Maria Helena Ribas Benedet
Apoio Técnico
Mirian Nazareth Fonseca
Valquiria Salviato Guariente
Iconografia
Ana Cláudia Dias
Projeto gráfico e ilustrações
Cide Gomes

Base Editorial Ltda.
Rua Antônio Martin de Araújo, 343 | Jardim Botânico
CEP 80210-050 | Curitiba/PR
Tel.: 41 3264-4114 | Fax: 41 3264-8471
baseeditora@baseeditora.com.br | www.baseeditora.com.br

CTP, Impressão e Acabamento IBEP Gráfica

APRESENTAÇÃO

Professor

Qualidade de vida, saúde, segurança, valores humanos, diversidade cultural são alguns dos temas abordados nesta coleção. Pretende-se, com ela, contribuir para o desenvolvimento, nos alunos, de atitudes favoráveis ao convívio social, à solidariedade, ao respeito à diferença, à preservação do meio ambiente...

Voltada para alunos do 1º ao 5º ano do Ensino Fundamental, incentiva a reflexão, o pensamento crítico e a análise de situações do cotidiano.

Esperamos, com ela, colaborar com seu trabalho de formação de pessoas.

A Autora.

ÍCONES

O CONTEÚDO DE CADA PÁGINA É IDENTIFICADO PELO ÍCONE COLORIDO INSERIDO NO RODAPÉ.

 ÉTICA E CIDADANIA

 DIVERSIDADE RACIAL

 EDUCAÇÃO AMBIENTAL

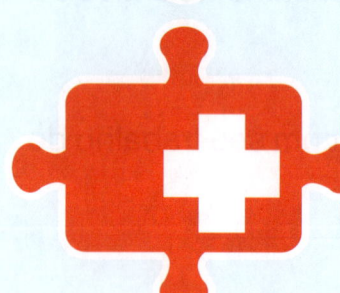 SAÚDE E PREVENÇÃO

 TRÂNSITO E SEGURANÇA

SUMÁRIO

UNIDADE 1	PENSANDO O HOMEM	6
UNIDADE 2	TRABALHO – UMA ATIVIDADE HUMANA	28
UNIDADE 3	URBANIDADE	67
UNIDADE 4	SINCERIDADE NAS AÇÕES	86
UNIDADE 5	MÃOS QUE CONSTROEM	106
UNIDADE 6	A COOPERAÇÃO COMO TAREFA DE TODOS	122

COMECEMOS NOSSAS REFLEXÕES COM O PENSAMENTO DO FILÓSOFO GREGO PLUTARCO:

"O SER HUMANO NÃO PODE DEIXAR DE COMETER ERROS: É COM OS ERROS QUE OS HOMENS DE BOM-SENSO APRENDEM A SABEDORIA PARA O FUTURO."

PENSE NISSO!

PLUTARCO NASCEU EM QUERONEIA, NA GRÉCIA. ERA UM APAIXONADO POR MATEMÁTICA E FILOSOFIA. ELE FOI UM DOS PRINCIPAIS RESPONSÁVEIS PELAS INFORMAÇÕES QUE TEMOS SOBRE AS CIVILIZAÇÕES GREGA E ROMANA DA ANTIGUIDADE. PLUTARCO OCUPOU ALTOS CARGOS PÚBLICOS E DIRIGIU UMA ESCOLA.

JUNTOS, VAMOS PENSAR SOBRE O QUE DISSE O FILÓSOFO.

NO DECORRER DE SUAS VIDAS, AS PESSOAS COMETEM ERROS. ISSO É VERDADE?

SE PENSARMOS SERIAMENTE SOBRE OS ERROS QUE COMETEMOS, VOCÊ ACHA QUE PODEMOS APRENDER COM ELES? VOCÊ TERIA UM EXEMPLO PARA CONTAR?

SE APRENDEMOS COM NOSSOS ERROS, PROVAVELMENTE NÃO OS COMETEREMOS NOVAMENTE. ISSO ACONTECE?

APRENDER COM OS ERROS É SABEDORIA. VOCÊ CONCORDA?

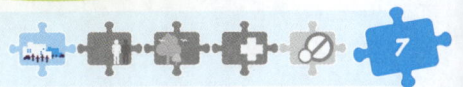

Em nossos estudos, já tratamos de **DIREITOS HUMANOS**. Você lembra?

Direitos humanos são os direitos básicos que devem ser garantidos a todas as pessoas: direito à vida, à liberdade, à alimentação, à moradia, à educação, entre outros.

É sempre importante lembrar que todos os seres humanos devem ter asseguradas, desde o nascimento, as condições mínimas necessárias para uma vida digna.

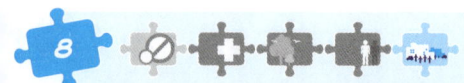

Com os colegas e professor, discutam as questões que seguem. Deixe registrada, em cada uma, a conclusão a que vocês chegaram.

O que você entende por **direitos básicos** ou **condições mínimas** necessárias para a sobrevivência?

_____
_____
_____
_____
_____

Quais são esses direitos básicos ou condições mínimas necessárias para a sobrevivência? Organizem esses direitos, do mais importante para o menos importante, de acordo com a opinião de vocês.

_____
_____
_____
_____
_____
_____
_____
_____

ANALISANDO — Observe as imagens. Indique, em cada uma, que direito humano não está sendo garantido e quais consequências essa situação pode trazer às pessoas.

_____
_____
_____
_____

_____
_____
_____
_____
_____
_____
_____

 **REFLETINDO** Que contribuição a leitura de bons livros, jornais e revistas, a apreciação de obras de arte, a música ou o teatro traz para a vida das pessoas?

Você colocaria essas possibilidades como um direito que deveria ser garantido a todos? Por quê?

Você já parou para pensar sobre o que significa **"ser humano"**?

Se você precisasse representar seres humanos e animais com símbolos, quais escolheria? Mostre.

SER HUMANO	ANIMAIS

Converse com os colegas e professor sobre as características que nos distinguem dos animais. Registre as conclusões a que chegaram.

_____
_____
_____
_____
_____
_____

Entre as características apontadas, apareceram as indicadas ao lado?

☐ O homem **fala**.

☐ O homem **pensa**.

☐ O homem não **vive só**. ele depende de outros homens para viver.

Que tal pensar um pouco sobre isso?

Vamos começar pelo **"pensar"**. Para você, o que é "pensar"?

De onde vêm nossos pensamentos?

Você pensa apenas sobre o que conhece, sobre o que já viveu?

Ou pensa também sobre o que não conhece, sobre o que ainda não viveu? Como isso acontece?

Será que pensamos o mesmo que os outros sobre uma mesma coisa, mesma pessoa, mesma situação?

Há pensamentos que surgem apenas de sua mente, que não têm nada a ver com coisas que realmente existem?

Concentre-se, por instantes, na obra de Edvard Munch:

Que pensamentos vieram a sua cabeça? Registre:

MUNCH, Edvard. **O grito**, 1893. Óleo e pastel sobre cartão, 91 cm x 73,5 cm. Galeria Nacional de Oslo, Noruega.

Agora, reúna-se com um colega. Comparem as semelhanças e diferenças entre o que vocês pensaram sobre a obra. Registre abaixo:

Semelhanças

Diferenças

Juntem-se a outros dois colegas e comparem o quadro de "semelhanças" e "diferenças" das duas duplas.

Há semelhanças? Quais?

_____
_____
_____
_____
_____
_____
_____
_____

Há diferenças? Quais?

_____
_____
_____
_____
_____
_____
_____
_____

O nome dessa obra é **"O grito"**. Você já sabia?

Será que saber o nome da obra pode mudar o que pensamos sobre ela? Por quê?

O que será que o autor pensou ao produzi-la? O que ele quis representar?

E o que entendemos da representação da obra é o que, de fato, ela representa?

FIQUE SABENDO

Edvard Munch deixou um pequeno texto em que fala sobre a experiência que resultou em sua obra **"O grito"**:

"Passeava pela estrada com dois amigos, olhando o pôr do sol, quando o céu, de repente, se tornou vermelho como sangue. Parei, encostei-me na cerca, extremamente cansado — sobre o fiorde preto azulado e a cidade estendiam-se sangue e línguas de fogo. Meus amigos foram andando e eu fiquei, tremendo de medo — podia sentir um grito infinito atravessando a paisagem."

Disponível <//mestres.folha.com.br/pintores/15/curiosidades.html>. Acesso em: 11 fev. 2010.

Há os que dizem que ele queria deixar registrado os dramas e perdas de sua vida: aos cinco anos perdeu a mãe, depois as duas irmãs e, por último, o pai.

Quem pode saber ao certo os motivos que nos levam a fazer isso ou aquilo, a pensar desse ou daquele modo sobre as coisas, ou o que de fato se esconde atrás de um grito ou de um sorriso?

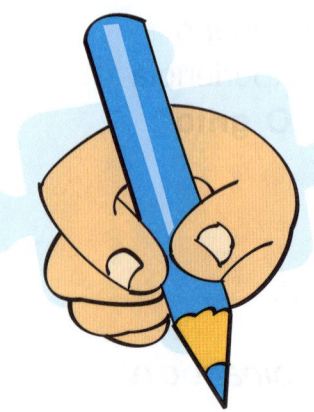

Wilson Sanvito é o autor do texto a seguir. Por meio de um jogo de palavras, ele conta a trajetória do homem desde a sua origem até os dias de hoje.

Preste atenção em algumas dicas para facilitar sua leitura:

Nesse poema, o autor usa muitas palavras em latim, uma língua muito antiga, para se referir ao homem. Veja:

DICA 1

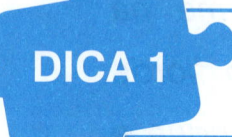

O primata assumiu a postura vertical
e assim nasceu o *homo erectus.*

- *Homo erectus* é uma expressão latina que quer dizer homem ereto. Que homem é esse?
  Releia o primeiro verso:
  O primata assumiu uma postura vertical.

- Relacione as palavras ereto e vertical.
  Marque o quadro que melhor pode representá-la:

Image Source/Latinstock

Raido Lepp/Stock.xchng

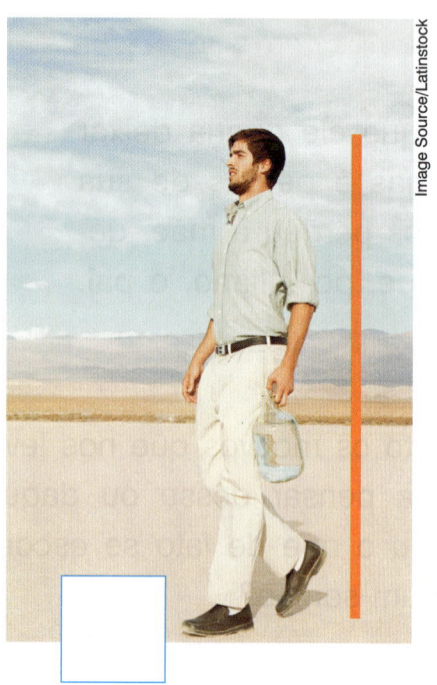

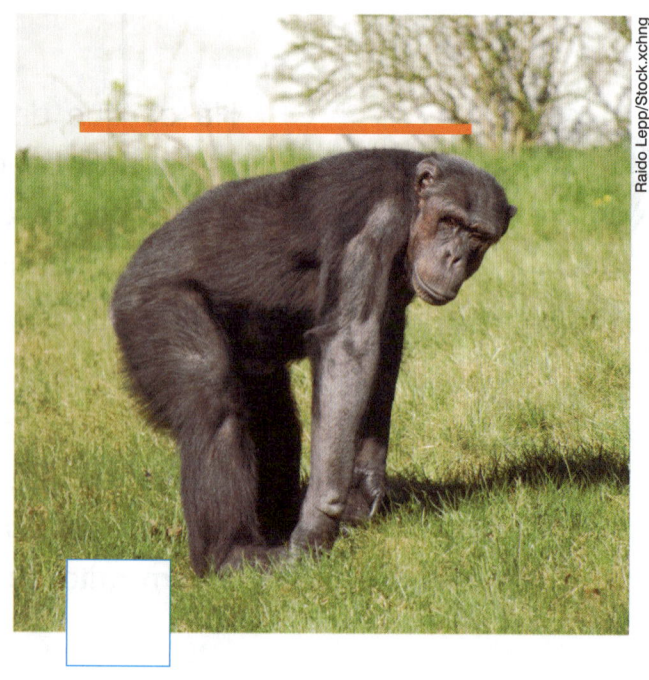

DICA 2

O homem deu um passo no cosmo e assim nasceu o *homo astronauticus*.

Se:
a palavra cosmo refere-se ao espaço universal, ao universo;

a palavra astronáutica refere-se à ciência que trata da construção e operação de veículos projetados para viajar no espaço;

a palavra astronauta refere-se ao piloto ou passageiro de um veículo espacial...

Então, que relação o autor estabeleceu entre cosmo e *homo astronauticus*?

> Leia, agora, o poema completo e busque as relações estabelecidas pelo autor.

O primata assumiu a postura vertical

E assim nasceu o *Homo erectus*

O homem fabricou os seus engenhos

E assim nasceu o *Homo faber*

O homem criou o Estado

E assim nasceu o *Homo politicus*

O homem fez a guerra

E assim nasceu a *Homo terrificus*

O homem descobriu o prazer

E assim nasceu o *Homo ludens*

O homem criou a automação

E assim nasceu o *Homo ciberneticus*

O homem deu um passo no cosmo

E assim nasceu o *Homo astronauticus*

E agora, para onde?

Homo incognitus.

Disponível em <http://antonini.psc.br/portal/?p=5875> Acesso em: 18 ago. 2010.

Converse com os colegas e professor sobre o poema lido.

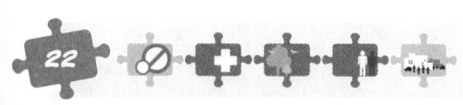

FIQUE SABENDO

As palavras *erectus, politicus, terrificus, ludens, ciberneticus, astronauticus, e incognitus* não são da língua portuguesa. São palavras de uma língua antiga, o latim. Elas foram destacadas com o uso de um tipo de letra chamado itálico. Esse tipo letra é geralmente usado para destacar palavras estrangeiras.

E no futuro, que homem teremos?
Que tipo de homem surgirá nas próximas décadas?

Seria o homo _____

Por quê? _____
_____
_____

Represente esse homem em forma de desenho.

EMITINDO UMA OPINIÃO

Emitir uma opinião é expressar e defender um ponto de vista sobre um fato, uma situação, uma pessoa.

É um exercício muito importante, que deve ser praticado. Temos o direito de dar opiniões, criticar e receber críticas também.

1. Analise as imagens a seguir. O que elas podem contar sobre a vida do homem nas grandes cidades?

Qual é a sua opinião?

2. Olhando para as imagens anteriores e pensando sobre os problemas acarretados pelo crescimento da quantidade de carros nas ruas das cidades, opine e dê alguma sugestão para a melhoria dessa situação. O que sugere? Escreva.

_____
_____
_____
_____
_____
_____
_____
_____

3. De que maneira, na natureza, entre os animais, os mais fortes ajudam os mais fracos? O que a imagem ao lado sugere?

_____
_____
_____
_____
_____
_____
_____
_____
_____

4. Analise a imagem.

DEBRET, Jean Baptiste. **Açoite**. Século XIX.

Esse registro do artista Debret mostra uma cena do período da escravidão no Brasil. O que essa imagem nos "fala" sobre os seres humanos?

Mostre, por meio de desenho ou ilustração, uma situação oposta à representada por DEBRET.

Pense sobre o fato de que muitas pessoas se ajudam mutuamente e, muitas vezes, buscam encontrar saída para seus problemas, apoiando, aconselhando, trocando ideias, dialogando, estendendo as mãos.

Muitas campanhas de solidariedade acontecem frequentemente: ajuda aos desabrigados de enchentes, às vítimas de terremotos, aos desempregados, entre outras.

Agora pense sobre uma situação que tenha presenciado, em que viu homens ajudando seus semelhantes. Registre abaixo e depois converse com seus colegas sobre esse acontecimento.

Eu presenciei

 **REFLETINDO**

Observe com atenção essas imagens:

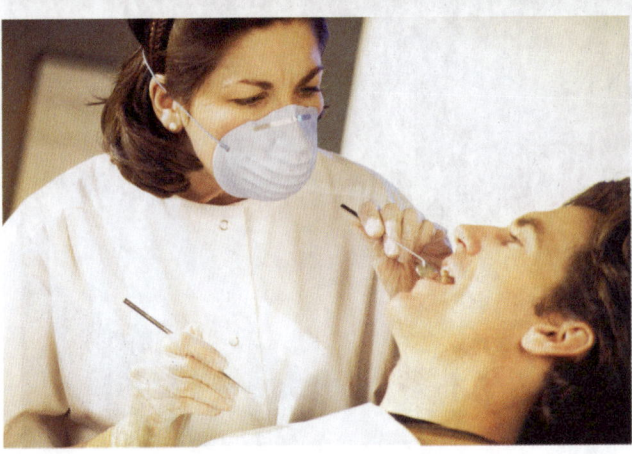

A que elas se referem?

_____

Que tipo de relação se pode estabelecer entre as atividades que elas representam e a vida dos homens?

Observe, agora, essas outras imagens:

O que elas representam?

_____

Que relação pode ser estabelecida com as imagens que você viu na página 29?

_____

_____

A partir da observação dos dois conjuntos de imagens, quais comparações são possíveis de fazer entre as atividades desenvolvidas pelos homens e as desenvolvidas pelos animais? Converse sobre isso com um colega e registre as conclusões a que chegaram.

_____
_____
_____
_____
_____
_____

VAMOS PENSAR

OS HOMENS CONSTROEM SUAS CASAS.

OS ANIMAIS CONSTROEM SUAS CASAS.

Ambas as frases são verdadeiras? Dizem a mesma coisa? O que as diferencia?

1. Antes de responder a essas questões, observe com atenção as imagens a seguir:

2. Procure, em um dicionário, o significado da palavra TRABALHO e registre, abaixo, o que encontrar.

_____
_____
_____
_____
_____
_____
_____
_____
_____

Leia cada uma das frases ao lado, e, com elas, complete as ideias colocadas a seguir.

- Para se proteger do frio e da chuva, homens e animais constroem casas e abrigos.

- Antes de fazer uma plantação em suas terras, o agricultor se preocupa com o tipo de produto que melhor se adapta às condições do terreno, com a época adequada para esse plantio, com as previsões meteorológicas...

- O modo de produzir móveis hoje é muito diferente do modo de produzi-los há tempos.

- Outros homens já inventaram a roda.

a) O homem e os animais intervêm na natureza não só para se adaptar a ela, como para adaptá-la às suas necessidades.

_____
_____
_____
_____

b) Há, porém, uma grande diferença: o homem "pensa" seu trabalho antes de realizá-lo. Os animais agem apenas por instinto.

_____
_____
_____
_____

c) Os homens alteram o modo de fazer seu trabalho, são criativos e buscam aperfeiçoá-lo. Os animais fazem sempre do mesmo modo.

_____
_____
_____
_____
_____
_____

d) Os homens incorporam ao seu trabalho os conhecimentos já construídos por outros homens. Pode-se dizer que o homem não parte do zero.

_____
_____
_____
_____
_____
_____

Compare o seu trabalho com o de outro colega. Se houver alguma discordância, chamem outro colega para discutir com vocês.

**AMPLIANDO O TEMA**   Leia o texto a seguir:

"Os primeiros seres humanos andavam nus e sua principal preocupação era encontrar, todos os dias, algo para comer.

Suas atividades eram a caça, a pesca, a coleta e a defesa contra os animais enormes que habitavam a Terra.

O domínio do **fogo** e da **pedra** foi fundamental para garantir seu domínio sobre a natureza.

O fogo, a princípio, era utilizado quando era produzido pela queda dos raios, pelos vulcões e incêndios nas florestas. Muito tempo depois, o homem descobriu que, criando um atrito entre pedaços de madeira ou pedras, conseguia produzir fogo. A partir desse momento, ele passou a exercer domínio sobre a natureza, tornando-se um criador.

A técnica para produzir fogo não foi aprendida ao mesmo tempo: alguns grupos o usavam no momento em que ele surgia (não sabiam nem mesmo mantê-lo); outros controlavam o fogo surgido de forma natural, e finalmente houve aqueles que aprenderam a criá-lo.

"Após um longo período em que o gelo cobriu a Terra e o homem se refugiou em cavernas, ele começou a se fixar nas planícies, onde haviam muitas manadas de renas (úteis tanto pela carne quanto pela pele, com a qual se protegiam do frio). Nessa época começaram a lascar pedras para fazer agulhas, facas, anzóis e flechas, além de fazer os primeiros desenhos nas cavernas representando os animais que eles caçavam.

Nesse período, ele era nômade, quer dizer, não vivia em nenhum lugar fixo: não sabia plantar, só coletava e caçava onde houvesse mais frutos e animais para caçar."

Disponível em:<www.cefuria.org.br/cartilha2trabalhohumano>. Acesso em: 24 maio 2010.

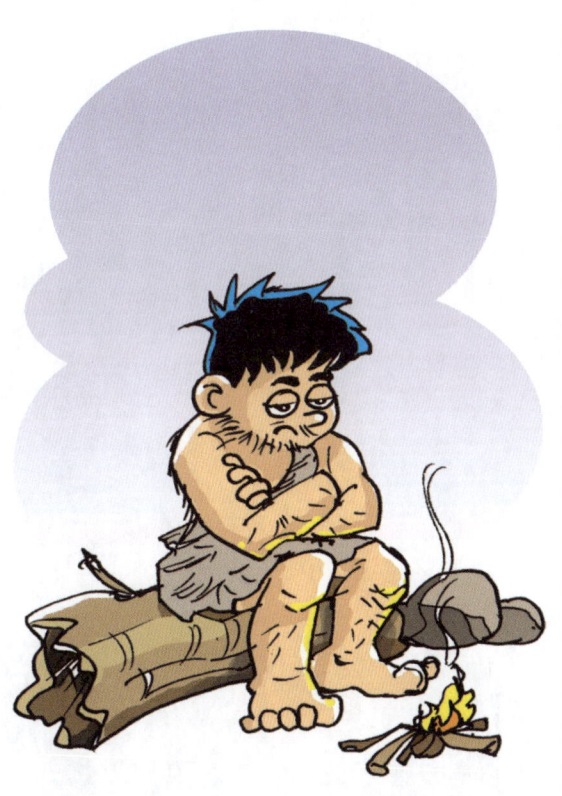

Esse texto conta um pouco da vida dos primeiros homens. Nele, é possível perceber que o homem interfere na natureza para atender suas necessidades, e que ele é criativo e transformador.
Como se contaria a história desse homem nos dias de hoje?
Junte-se a alguns colegas e, juntos, contem essa história. Vocês podem produzir um texto, uma história em quadrinhos ou podem, também, escolher uma outra forma para comunicar a história que vocês pensaram. Depois, partilhem sua história com os outros colegas da turma. As páginas seguintes estão reservadas para esse trabalho.

39

AMPLIANDO CONHECIMENTOS

O trabalho também produz conhecimento. Muitas são as descobertas feitas pelos homens.

Há muito tempo, os homens usavam as mãos, os braços ou as costas para transportar objetos pesados.

Um dia perceberam que, colocando fardos em cima de um tronco poderiam transportá-lo com mais facilidade.

Pensando mais sobre essa descoberta, percebeu que esse tronco poderia se transformar em um disco.
O homem inventou a roda.

REFLETINDO

A roda transformou o trabalho e a vida do homem.

Você consegue imaginar como seria sua vida se a roda não existisse? Faça esse exercício. Pense em todas as aplicações da roda. Não só nos meios de transporte. Pense como esse invento, que hoje nos parece muito simples, se transformou e transformou a vida das pessoas.

1. Observe essa representação do homem no tempo. Lembre-se do poema que leu na Unidade 1.

O que podemos concluir com essa representação? Escreva.

_____
_____
_____
_____
_____

Acrescente mais uma informação: **que homem ainda está por vir?** Imagine e desenhe.

2. Observe essa outra imagem. A partir dela, discuta com seus colegas sobre o uso da tecnologia em nossas casas, na escola, no trabalho.

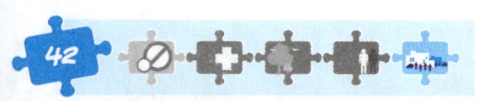

ATIVIDADE

1. O nome dessa tela é **"Operários"**. Ela foi pintada em 1933, por Tarsila do Amaral. Observe-a.

AMARAL, Tarsila do. **Operários**. 1933. Óleo sobre tela, 150 cm x 205 cm.
Coleção do Governo do Estado de São Paulo.

Nessa tela, o que, primeiramente, chama a sua atenção?

_____
_____
_____
_____

Nela, dois motivos se sobressaem. Quais são eles?

_____
_____
_____

Observe os rostos representados. Há rostos que se repetem? Quantos são ao todo?

_____
_____
_____

O que as chaminés, à esquerda da tela, sugerem?

_____
_____
_____

Estudiosos da obra de Tarsila dizem que, nessa tela, ela representa brasileiros e imigrantes, numa reunião de etnias. É uma forma de destacar a contribuição deles, com seu trabalho, para a construção do País.

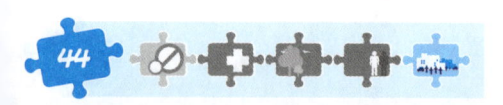

2. Observe agora essa foto.

Que tipo de trabalhador ela está representando?
_____
_____

Qual a contribuição desse trabalhador para a construção do País?
_____
_____
_____

Qual o produto do seu trabalho?
_____
_____
_____

45

3. Inspire-se na obra de Tarsila do Amaral e produza uma que represente os trabalhadores da construção civil.

REFLETINDO

Você já ouviu essa frase: **"O trabalho traz dignidade"**?
Já parou para pensar sobre ela?

Vamos pensar juntos.

- O que significa dignidade? Segundo o dicionário, **dignidade** é uma qualidade que inspira respeito, consciência do próprio valor, honra. O trabalho traz dignidade?

- Se o trabalho traz dignidade, traz junto uma vida digna. Uma vida digna é uma vida conveniente, adequada, apropriada. Como seria essa vida?

- Todo trabalho propicia uma vida digna ao trabalhador? Por quê?

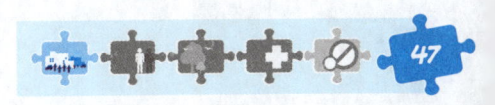

O DIREITO A UMA REMUNERAÇÃO JUSTA

Todo trabalhador deve receber uma remuneração pelo serviço realizado ou prestado.

Remuneração: retribuição por serviço ou trabalho prestado; salário.

Essa remuneração deve garantir ao trabalhador e à sua família uma vida digna, isto é, deve permitir que suas necessidades básicas sejam atendidas.

No Brasil, o governo estabelece o chamado salário mínimo, que é uma remuneração mínima para determinado número de horas trabalhadas. O salário mínimo brasileiro foi criado em maio de 1940 por decreto-lei pelo então presidente Getúlio Vargas, para atender as necessidades do trabalhador. Pelas medidas tomadas para melhorar a vida dos trabalhadores, Getúlio ficou conhecido como "Pai dos Pobres". Na época, o valor desse salário era de 240 mil réis. Segundo o documento que o instituiu, o salário mínimo deveria ser capaz de satisfazer as necessidades normais de alimentação, habitação, vestuário, higiene e transporte do trabalhador.

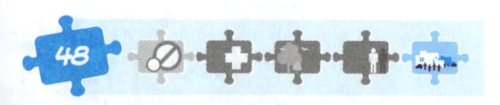

ATIVIDADE

1. O salário mínimo em nosso país é estabelecido por lei e reavaliado todos os anos com base no custo de vida.

Qual é o valor do salário mínimo atual em sua região?

2. Agora, pesquise a **cesta básica** de seu estado, registre os produtos e a quantidade de cada produto. Pesquise, também, o preço dos produtos. Registre no quadro abaixo.

PRODUTOS	PREÇO

Cesta básica é o nome dado a um conjunto de produtos considerados indispensáveis ao consumo mensal de uma família. Este conjunto, em geral, possui gêneros alimentícios, produtos de higiene pessoal e de limpeza.

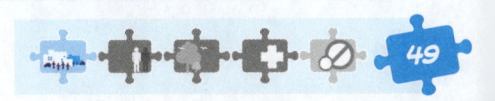

3. Calcule:

• quantas pessoas, em média, podem se alimentar com os produtos que constam na cesta básica.

{ _____
  _____

• quanto uma família gasta por mês com uma cesta básica.

{ _____
  _____

• quanto sobra do salário mínimo.

{ _____
  _____

REFLETINDO

O salário mínimo possibilita uma vida digna ao trabalhador que o recebe?

ATIVIDADE

Deixe de lado a comida, os produtos de higiene e de limpeza.

Pense em uma outra cesta básica: uma cesta básica cultural. Nela cabem música, livro, cinema... Com os colegas e professor discutam que itens poderiam integrar uma cesta básica cultural. Discutam, também, que benefícios os itens definidos trazem para as pessoas. Liste abaixo a cesta cultural que vocês criaram.

_____
_____
_____
_____
_____

E como poderia ser elaborada uma cesta básica de saúde para todos? Que tipo de itens ela deveria conter?

_____
_____
_____
_____
_____

CONVERSANDO

Essa imagem faz parte do filme "Tempos Modernos", de Charles Chaplin, que trata da relação homem/máquina.

No filme, um operário é praticamente devorado pela máquina – torna-se quase parte de uma engrenagem, como mostra a imagem – e, apertando parafusos numa repetição sem fim, quase deixa de pensar.

REFLETINDO

O que essa situação nos leva a pensar?

_____
_____
_____
_____

Será que os tempos modernos complicaram a vida do trabalhador?

___

___

___

O trabalho mecânico, repetitivo, sem descanso é dignificante?

___

___

___

___

Que consequências esse tipo de trabalho pode trazer para a vida das pessoas? Para sua relação com a família, por exemplo?

___

___

___

___

___

FIQUE SABENDO

O trabalho repetitivo, cansativo, exploratório traz prejuízos à saúde do trabalhador.

Uma doença, hoje muito atual, é motivo de preocupação tanto por parte das empresas quanto dos profissionais da saúde: a **LER** (ou L.E.R. – **L**esão por **E**sforço **R**epetitivo). Alguns especialistas preferem denominar a LER como DORT (Distúrbio Osteomuscular Relacionado ao Trabalho).

Existem várias doenças que compõem o grupo das LER, como as tendinites, tenossinovites, bursites ocupacionais, síndromes de compressão de nervos, entre outras.

A causa mais importante dessa doença é a repetição de um mesmo movimento por longo período de tempo. Ela provoca muita dor e, quando em estágio avançado, pode causar perda de movimentos.

As principais vítimas de LER/DORT são os profissionais que dependem do uso contínuo do computador.

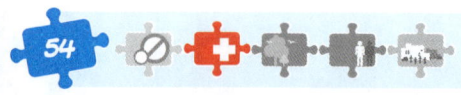

APRENDENDO MAIS

Uma forma importante de combater a LER é dar importância à ergonomia.

ERGONOMIA é uma ciência aplicada que se ocupa de projetar e arrumar objetos para que pessoas e objetos possam interagir de modo mais eficiente e seguro.

A ilustração a seguir mostra a postura correta que devemos ter quando estivermos utilizando o computador.

APLICANDO OS CONHECIMENTOS

Você pode prevenir a LER, fazendo exercícios como esses:

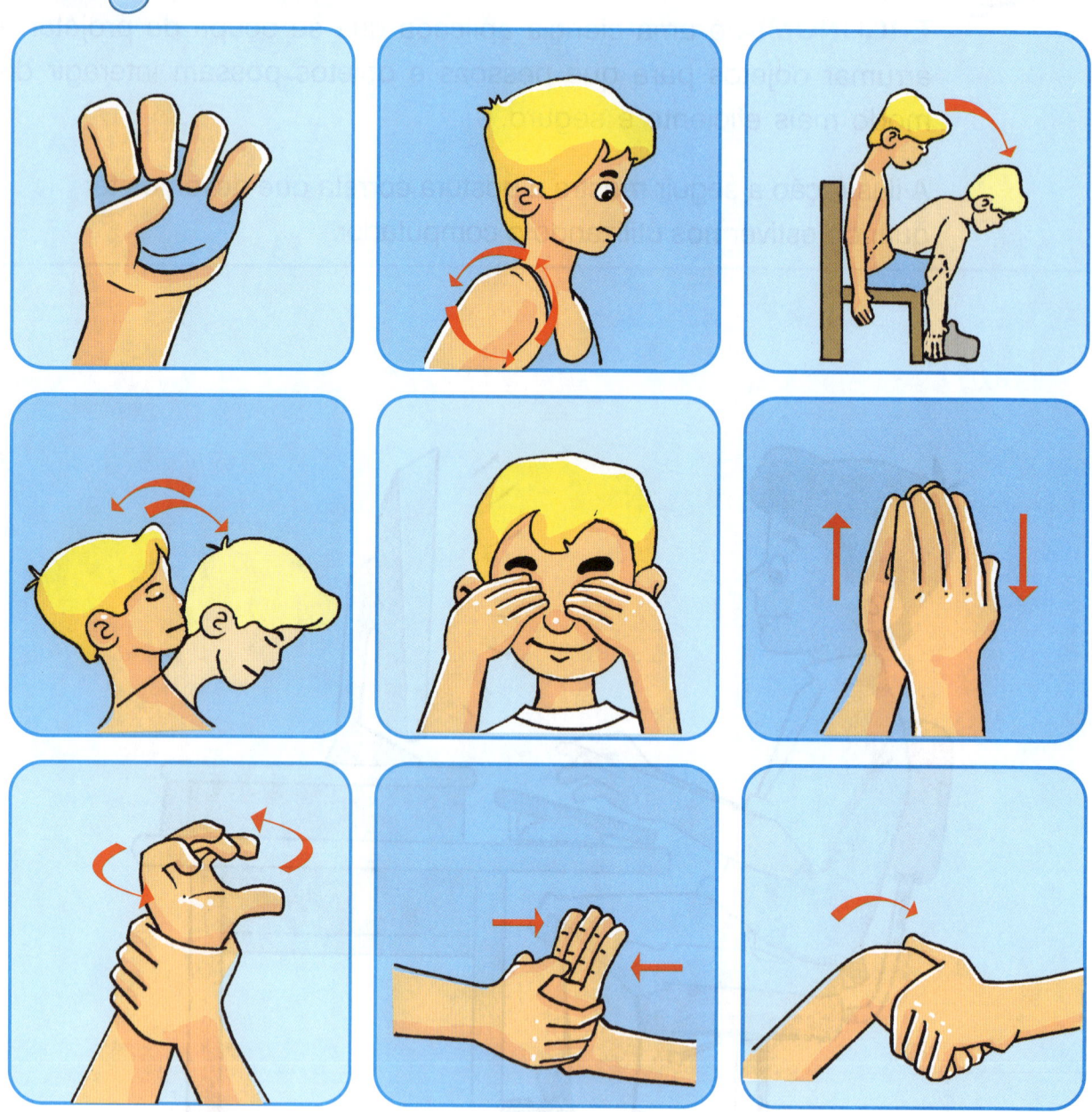

Se você gosta de jogar *Play Station* diariamente, se gosta de ficar no bate-papo *on line* longas horas ou se necessita trabalhar muitas horas sentado em frente a um computador, comece desde já a se exercitar, pois a postura inadequada, o uso constante do *mouse*, o excesso de luz da tela, entre outros aspectos, podem causar danos à sua saúde.

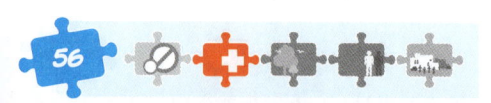

FIQUE SABENDO

Você sabe que, em nosso país, houve um período em que homens foram escravizados, obrigados a trabalhar sem remuneração e sem descanso, além de serem submetidos a maus-tratos?

DEBRET, Jean Baptiste. **Negros serradores**. Século XIX.

No período de escravidão, homens e mulheres eram trazidos da África para trabalharem em nossas lavouras. Foram escravizados, torturados e forçados a trabalhar sem nenhuma remuneração para os senhores, donos das fazendas e dos engenhos.

A escravidão no Brasil durou até o ano de 1888, quando, por meio da Lei Áurea, pôs-se fim ao direito de propriedade de uma pessoa sobre a outra.

MAS SERÁ QUE A ESCRAVIDÃO ACABOU?

Não, infelizmente não... Ela se apresenta, agora, de outra forma, mas tão degradante quanto a que ocorria até o século XIX.

Segundo o Ministério do Trabalho e Emprego, que fiscaliza situações de trabalho escravo, elas acontecem com mais frequência na zona rural. Pessoas pagas pelo proprietário rural são responsáveis por contratar trabalhadores de outras regiões. Esses trabalhadores, iludidos por promessas de bom salário e boas condições de trabalho, aceitam a proposta. Começa, então, uma triste jornada para eles.

Tudo é cobrado dos trabalhadores: transporte, alimentação, produtos de higiene e de saúde que são vendidos nas próprias fazendas, a preços mais altos que de outros estabelecimentos. Afundados em dívidas que crescem continuamente, não podem sair das fazendas sem quitá-las. Junte-se a isso as péssimas condições de trabalho e moradia a que eles são submetidos e está pronto um terrível quadro de escravidão.

Observe essa imagem:

Colheita manual de cana-de-açúcar. Cordeirópolis/SP.

REFLETINDO

Muitos trabalhadores são submetidos a trabalhos forçados ou à jornada exaustiva, outros são colocados em condições degradantes de trabalho como alimentação escassa, sem locomoção de qualquer meio, tendo que ficar nesses locais sem poder sair, ou mesmo fazendo com que fiquem presos a dívidas de empréstimos feitos com o empregador.

Você acha que a escravidão do trabalhador atual é diferente daquela do tempo dos escravos africanos?

Qual seria a semelhança?

Hoje em dia a escravidão moderna não tem tráfico nem comercialização, mas é tão séria quanto aquela dos negros africanos: ela também tira a liberdade dos indivíduos.

Os trabalhadores são forçados a trabalhar longas horas, sem nenhuma condição ou remuneração correspondente. São explorados de todas as formas.

Admire a tela do pintor Portinari, que, como bom brasileiro, retratou a figura "O Mestiço", homenageando o homem brasileiro em seu trabalho com a terra.

PORTINARI, Candido. **O mestiço**. 1934. Óleo sobre tela, 81 cm x 65,5 cm. Pinacoteca do Estado de São Paulo.

Nas linhas a seguir descreva a tela de Portinari e o homem retratado:

Observe as imagens.
O que há de comum entre elas?

**ATENÇÃO, MUITA ATENÇÃO!
ISSO NÃO É DIREITO!**

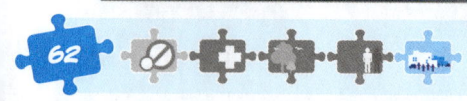

Com certeza, você percebeu que em todas as fotos há crianças trabalhando.

Você sabe que no Brasil é proibido qualquer tipo de trabalho à criança e ao adolescente menor de 14 anos?

Segundo a Constituição Brasileira, é proibido todo trabalho noturno, perigoso ou insalubre a menores de 18 anos e de qualquer trabalho a menores de 16 anos, salvo na condição de aprendiz, a partir dos 14 anos.

O trabalho infantil é proibido por lei!

Leia, então, o texto a seguir, o depoimento de um menino trabalhador.

O trabalho no sisal

Comecei como cambiteiro aos quatro anos. Com 16 cortava sisal. Meu pai sevava. Quando ele morreu, tive que fazer o serviço. Um dia, uma fibra embolou o motor. Bati nele e ela prendeu meus dedos. O problema não foi só a dor, mas a falta que a minha mão faz. O sisal dá muito trabalho e pouco dinheiro para quem produz. Se não destocar, enche de mato. Cortar é perigoso por causa das cobras no miolo da planta e as pontas das folhas podem bater no olho e furar. Carregar, botar, sevar, estender para secar: tudo é longe. Tem que andar muito, com peso, no sol quente. Depois, as escolas são distantes, tem de andar mais.

Extraído de Huzak & Azevedo, Crianças de fibra, 2000, p.135-6. In: Combatendo o trabalho infantil: guia para educadores/IPEC-Brasília: OIT, 2001: II.

LEMBRETE
Se houver, no texto, alguma palavra ou expressão da qual você desconheça o significado, pergunte ao seu professor.

REFLETINDO

Dá para imaginar como é a vida desse menino?
Será que ele tem tempo para frequentar a escola?
E amigos e brincadeiras cabem na vida que ele leva?
Pelo relato do menino, você acha que ele leva uma vida digna? Por quê?

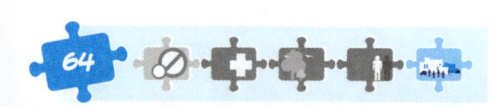

ATIVIDADE

Com seus colegas, leia cada item abordado nos cartazes a seguir. Depois, organizem-se para montar um painel sobre o tema: **EXPLORAÇÃO DO TRABALHO INFANTIL**.

Cartaz 1

Declaração dos direitos da criança

Toda criança, independente de sexo, cor, raça, religião, origem nacional ou social, ou qualquer outra condição, sua ou de sua família, tem direito a:

1 Desenvolver-se física, mental, moral, espiritual e socialmente de forma sadia, em condições de liberdade e dignidade.

2 Receber um nome e uma nacionalidade, desde o nascimento.

3 Crescer e criar-se com saúde, tendo alimentação, habitação, recreação, cuidados, proteção e benefícios da previdência social.

4 Receber cuidados especiais no caso de incapacidade física, mental ou social.

5 Crescer em ambiente de afeto e segurança, moral e material, propiciado pelos pais e pela sociedade.

6 Receber educação gratuita, em condições de igualdade de oportunidades.

7 Brincar e divertir-se.

8 Estar entre os primeiros a receber proteção e socorro, em quaisquer circunstâncias.

9 Ser protegida contra abandono, violência, tráfico, ou exploração pelo trabalho.
Não será permitido à criança empregar-se antes da idade mínima conveniente; de nenhuma forma será levada a ou ser-lhe-á permitido empenhar-se em qualquer ocupação ou emprego que lhe prejudique a saúde ou a educação ou que interfira em seu desenvolvimento físico, mental ou moral.

10 Ser protegida contra toda e qualquer forma de discriminação, crescendo em ambiente de tolerância e amizade entre os povos.

(Adaptado da *Declaração dos Direitos da Criança*, aprovada na Assembléia Geral das Nações Unidas em 20 de novembro de 1959.)

Combatendo o Trabalho infantil
GUIA PARA EDUCADORES

OIT - Organização Internacional do Trabalho.

Cartaz 2

Uma realidade que precisa ser mudada

Retirando carvão do forno
Menina, 13 anos, Água Clara (MS)

Quebrando pedra
Menino, 10 anos, Santa Luz (BA)

Estendendo sisal
Menino, 7 anos, Lagoa do Boi (BA)

Colhendo chá
Menina, 9 anos, Vale do Ribeira (SP)

OIT - Organização Internacional do Trabalho.

UNIDADE 3 **URBANIDADE**

"URBANIDADE É UMA QUALIDADE QUE TODOS NÓS, CIDADÃOS, DEVEMOS CULTIVAR, POIS TEM A VER COM ATITUDES DE CORTESIA, DELICADEZA E POLIDEZ, E DEMANDA TAMBÉM UMA MANIFESTAÇÃO DE RESPEITO AO PRÓXIMO."

APRENDENDO MAIS

A charge a seguir brinca um pouco com uma atitude de cortesia direcionada ao trabalhador. Vemos nela retratadas duas figuras características de nossa sociedade, não é mesmo?
Quem são elas?

É O "**MÁXIMO**" QUE EU POSSO FAZER POR VOCÊ!

SALÁRIO MÍNIMO

?

- Por que a palavra "MÁXIMO" está em destaque?
- Você acha que o salário "mínimo" é um valor que satisfaz as necessidades do trabalhador?
- E quando esse trabalhador fica desempregado. O que acontece? Para o trabalhador desempregado, o governo criou o seguro-desemprego.

ATIVIDADE

Bruno Galvão também criou uma charge que faz uma crítica muito séria sobre o problema do desemprego no País. Leia:

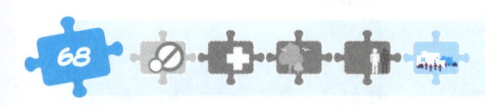

O POVO PRECISA COMPRAR O QUE AINDA NÃO TEM!

VOCÊ SABE ONDE VENDE ESPERANÇA, EMPREGO, SAÚDE...

chargesbruno.blogspot.com

Agora, responda:
Sobre o que os dois desempregados falam?

Entre as coisas que o desempregado está querendo comprar, o que é possível adquirir com dinheiro?

O que é necessário ser feito para dar esperança, saúde e mais oportunidade de trabalho para o povo?

Troque ideias com seus colegas sobre o assunto da charge e fale o que você entende por ESPERANÇA.

VOCÊ SABIA... que, no caso de uma pessoa ficar desempregada por motivo de uma demissão, ela tem o direito de receber, por até cinco meses, um salário pago pelo seguro-desemprego?

O seguro-desemprego é um benefício que permite a assistência financeira temporária em razão de demissão sem justa causa para trabalhadores formais e domésticos, para os pescadores artesanais durante o período de baixa do pescado e para o trabalhador resgatado do regime de trabalho forçado ou da condição de escravo. O valor mínimo do seguro-desemprego é alterado anualmente mediante o valor estabelecido do salário mínimo, e o prazo de pagamento é de três a cinco meses, tempo para que o desempregado busque nova colocação no mercado de trabalho.

ATIVIDADE

1. Analise a notícia a seguir e destaque nela uma consequência muito séria gerada pela falta de emprego na atualidade.

JORNAL

Crise econômica e desemprego geram violência

A crise econômica nacional leva à formação de uma classe social miserável, que encontra o crime como única forma de sobrevivência. A consequente onda de assaltos e violência apavora todas as pessoas e acaba gerando uma necessidade de proteção aos seus bens e à sua própria vida, que se encontram constantemente ameaçados.

O que as pessoas de sua cidade têm feito para se prevenir da violência e da onda de assaltos, que são problemas gerados pela crise, pela falta de emprego e pela falta de melhores condições de vida?

CONVERSANDO

No ambiente familiar, a amizade e o respeito são determinantes para o convívio harmonioso entre as pessoas.

Assim também deve ser quando estamos na rua, na casa de outra pessoa, ou em um local público, ou seja, devemos adotar sempre uma conduta adequada a cada situação.

Você já visitou um museu?
Que atitude devemos tomar quando fazemos esse tipo de visita?
Que boas maneiras devem ser adotadas?

Museu Imperial. Petrópolis/RJ.

Os museus são espaços que têm papel importante e indispensável na "guarda" do passado das pessoas.
 Pela apreciação do acervo de um museu, podemos conhecer materiais dos povos e seus ambientes, em diferentes tempos.

ATIVIDADE

1. Seu professor irá proporcionar uma visita a um museu e depois você irá relatar sobre o que aprendeu e apreciou nessa visita.

_____
_____
_____
_____

2. Leia um trecho da letra de uma canção do cantor e compositor Cazuza, "O tempo não para", em que ele faz uma homenagem e valoriza um museu. De que forma ele faz essa valorização?

(...)
Eu vejo o futuro repetir
o passado
Eu vejo um museu de
grandes novidades!(...)

BRANDÃO, Arnaldo; CAZUZA. O tempo não para.
Intérprete: Cazuza. In: ——— **O tempo não para**.
Rio de janeiro: Plygram/Universal Music. p/1988.
1 CD. Faixa 6.

3. Atualmente, graças à tecnologia, é possível fazermos visitas a museus ou a galerias de arte pela internet.
Neste endereço: <http://www.sobresites.com/artesplasticas/museusmundo.htm>, você pode visitar virtualmente os museus do mundo inteiro.

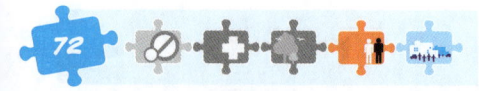

REFLETINDO

Respeitar as leis, as normas estabelecidas por uma maioria para a melhor convivência em um grupo, é uma condição de vivência e convívio na vida em sociedade.

Por isso criaram-se os códigos que regem a conduta dos membros de uma comunidade, de acordo com princípios de conveniência geral.

Eles servem para garantir a integridade do grupo, a boa convivência e o bem-estar dos indivíduos dessa comunidade.

ATIVIDADE

Você sabia que em todas as escolas existe um regimento interno?

Ele determina as normas a serem seguidas e obedecidas por todos os envolvidos. Seu professor irá ler essas normas e, depois, vocês irão destacar os direitos e deveres que estão lá estabelecidos.

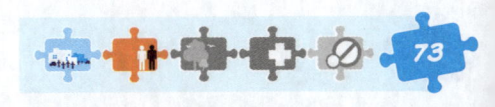

Que tal organizar, coletivamente, um código de conduta com base nessas informações e registrá-lo no livro?

Leia um texto retirado da internet que nos leva a pensar sobre o significado de ser "**civilizado**":

SER CIVILIZADO É...

Ser civilizado é ser educado.
É admirar a natureza, a beleza, a poesia e a arte.
É respeitar as pessoas e os animais.
É saber apreciar as flores, os frutos, as árvores, as pedras e os objetos.
É gostar do asseio e da limpeza, da ordem e da pontualidade.
É aceitar as diferenças.
É atravessar a rua na faixa de segurança e parar ao sinal vermelho.
Ser civilizado é não odiar, não roubar, não destruir, não matar.
É não jogar lixo no chão.
É não apagar os cigarros com a ponta dos sapatos ou jogá-los pela janela.
É não sujar os jardins onde brincam as crianças.
Ser civilizado é não ser agressivo, não agredir, não discutir com insensatez.
É não elevar a voz, não gritar, não tocar a buzina.
É não se drogar, não se embriagar.
Ser civilizado é amar a vida.

Quando falamos em atos civilizados, boas maneiras, cortesia, devemos pensar e refletir também sobre os povos indígenas que foram os primeiros habitantes do Brasil, os brasileiros legítimos. Tribos inteiras desapareceram ao entrar em contato com o "mundo civilizado" e muitas outras estão em via de extinção.

Você saberia responder que mundo civilizado é esse?

VAMOS PENSAR

- Será que aqui, em nosso país, ser civilizado é se contentar com o ar cada vez mais poluído?
- Será que é estar sempre competindo por riqueza, espaço, consumo?
- Será que é gerar cada vez mais lixo?
- Será que é ficar estressado e infeliz em busca de uma qualidade de vida?
- Será que é viver cada dia mais isolado?
- Será que é cada vez mais competirmos uns com os outros?

Para você, o que significa ser civilizado?

_____
_____
_____
_____
_____
_____

No convívio com outras pessoas, devemos respeitar para sermos respeitados e seguir normas de conduta e leis que regem a sociedade.

Uma lei importante a ser seguida é a que rege e orienta o trânsito das cidades.

No Brasil, o conjunto de leis de trânsito, que foi revisto e ampliado em 1998, é chamado de Código de Trânsito Brasileiro.

O trânsito pode ser separado em classes:

| Motorizado | Não motorizado |

Quando estamos dentro de um veículo — seja automóvel, ônibus, moto ou bicicleta — devemos nos comportar com segurança, dirigindo com atenção, usando capacete ou cinto de segurança nos bancos da frente e traseiros.

Quando estamos caminhando, somos pedestres e também devemos ser responsáveis e cuidadosos no trânsito.

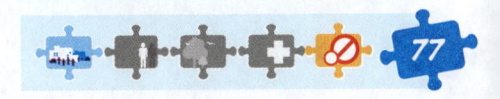

O pedestre deve cuidar da sua segurança e andar com muita atenção.

Não há acessórios ou equipamentos de proteção contra as situações de risco que o pedestre enfrenta no dia a dia do trânsito, por isso, todo cuidado é pouco!

AMPLIANDO CONHECIMENTOS

No trânsito, é muito importante seguir regras, como respeitar as placas, faixas e sinalizações para prevenir acidentes...

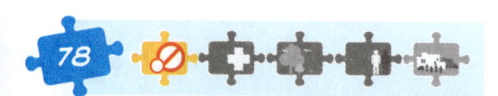

TORNE-SE AVISTADO

Essa é a principal regra para os pedestres: estar atento ao movimento dos veículos e certificar-se de que também foi visto pelos motoristas.

É preciso fazer contato visual com o condutor para certificar-se de que ele identificou a sua presença.

CUIDADOS AO CAMINHAR

- Ande sempre pela calçada e afastado da rua.
- Em estradas ou vias sem calçada, caminhe mais à esquerda possível, no sentido oposto ao dos carros para poder ver e ser visto.
- Sempre que estiver carregando sacolas, procure deixá-las para o lado oposto ao da rua.
- Quando acompanhado de mais pessoas, ande em fila única.
- Evite caminhar ouvindo aparelhos com fones de ouvido. Além de diminuir a atenção, você deixa de ouvir os ruídos que podem indicar a aproximação de um veículo.
- Não saia correndo pelas ruas, nem mesmo nas calçadas.
- O pedestre deve estar sempre atento para poder parar a qualquer momento.

CUIDADOS NOS CRUZAMENTOS

Para atravessar a rua com segurança, o pedestre deve obedecer a algumas regras.

- Não atravesse a rua correndo.
- Durante a travessia, nunca volte para buscar objetos caídos no chão.
- Atravesse a rua sempre pela faixa de segurança.
- Atravesse sempre em linha reta: é o caminho mais rápido até o outro lado da rua. — Atenção: olhe para os dois lados, duas, três ou mais vezes, até ter certeza de que nenhum veículo se aproxima e deixe clara a intenção de atravessar.
- Obedeça à sinalização. Nos cruzamentos em que há semáforos para pedestres, só atravesse a rua quando estes estiverem abertos.
- Só ultrapasse na faixa quando todos os carros estiverem parados, mesmo que exista um semáforo.
- Em vias de grande movimento ou de alta velocidade, procure utilizar as passarelas.
- Ao passar pelas lombadas eletrônicas, os veículos reduzem a velocidade, por isso sempre atravesse a rua próximo ao equipamento ou na faixa de segurança.
- Ao desembarcar de um veículo, saia pelo lado da calçada e aguarde que ele se afaste para iniciar a travessia. Nunca atravesse a rua por trás de ônibus, carros, árvores ou outros obstáculos que impeçam que os motoristas o vejam.

ATIVIDADE

1. Com base nessas orientações, faça um desenho representando o "bom pedestre".

2. Que tal, juntamente com seu colega de sala de aula, treinar um pouco sobre o trânsito com o jogo a seguir? Use um dado e carrinhos em miniatura; se você não tiver carrinhos, pode usar tampinhas de garrafa, sementes, pedrinhas ou qualquer outra coisa que sirva para marcar posições.

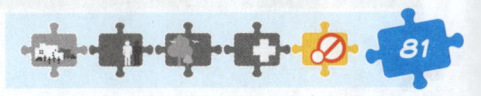

JOGO DO TRÂNSITO

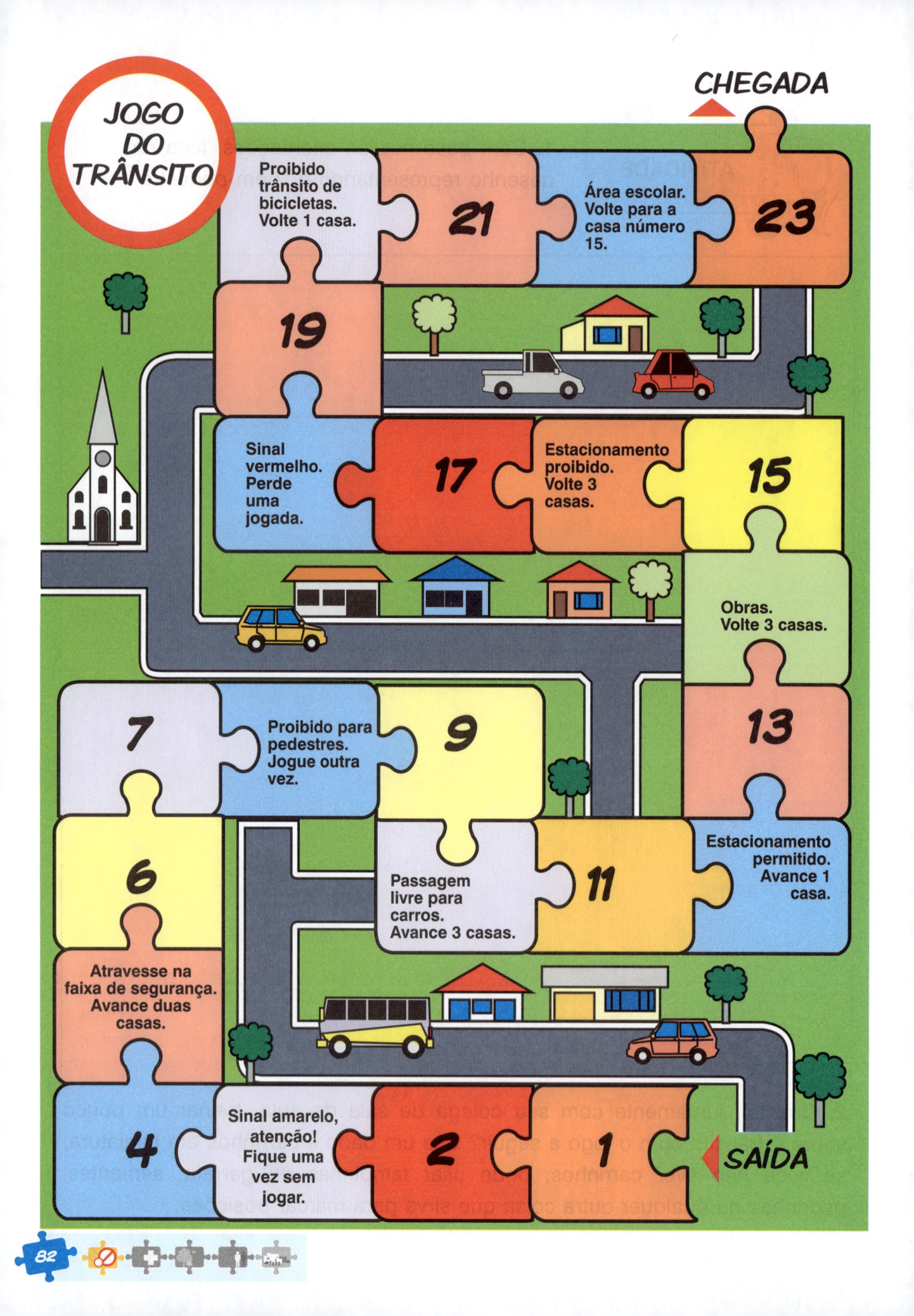

CHEGADA

- **23**
- Área escolar. Volte para a casa número 15.
- **21**
- Proibido trânsito de bicicletas. Volte 1 casa.
- **19**
- Sinal vermelho. Perde uma jogada.
- **17**
- Estacionamento proibido. Volte 3 casas.
- **15**
- Obras. Volte 3 casas.
- **13**
- Estacionamento permitido. Avance 1 casa.
- **11**
- Passagem livre para carros. Avance 3 casas.
- **9**
- Proibido para pedestres. Jogue outra vez.
- **7**
- **6**
- Atravesse na faixa de segurança. Avance duas casas.
- **4**
- Sinal amarelo, atenção! Fique uma vez sem jogar.
- **2**
- **1**

SAÍDA

82

AMPLIANDO CONHECIMENTOS

Devemos também mostrar que somos civilizados tomando algumas atitudes sadias, entre elas, as de asseio e higiene do corpo:

Mãos limpas: devemos adquirir o costume de lavá-las depois de qualquer atividade que possa sujá-las.

Unhas limpas e bem cortadas: o cuidado especial em mantermos as unhas limpas é essencial, pois guardam micróbios quando sujas e crescidas.
E lembre-se de que roer unhas é um vício muito ruim para a saúde.

Não usar roupa suja e mal cuidada: lavar sempre a roupa e mantê-la limpa é um dever. Não é necessário que a roupa seja nova, cara, mas ela deve estar sempre limpa e bem cuidada.

Mudar a roupa íntima: a roupa usada nas partes íntimas de nosso corpo deve ser trocada diariamente e sempre que ocorrer um imprevisto. A higiene íntima é fundamental para termos boa saúde.

Escovar os dentes: devemos escovar os dentes, para higienização de nossos dentes e boca, ao acordar, após as refeições e antes de deitar.

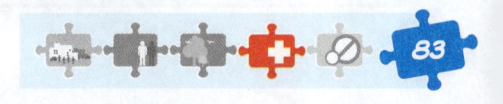

Mas, além dos cuidados com o corpo e com a higiene, devemos também aprender a nos comportar em diversas situações sociais e demonstrarmos civilidade.

Dar a mão, cumprimentar o outro, estender a mão com firmeza demonstra segurança, sinceridade e respeito.

Não passar entre pessoas que estejam conversando, interrompendo-as.

Pedir licença antes de dirigir-se a uma pessoa que esteja falando ou ao entrar num local onde estejam outras pessoas reunidas.

Não cochichar, pois dá a impressão de que se está falando de outra pessoa do grupo.

"Por favor", "perdão" e "obrigado" são três palavras fundamentais na manifestação de civilidade.

Ter cuidado ao espirrar, colocando um lenço na frente da boca ou do nariz e, se possível, com muita discrição, como também os atos de tossir e bocejar com o menor ruído possível, e cobrindo com as mãos.

ATIVIDADE

1. Observe a imagem e escreva frases, dentro do balão, que demonstrem atitudes de URBANIDADE, CIVILIDADE E CORTESIA entre as pessoas.

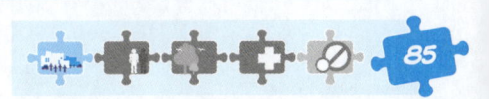

UNIDADE 4 — SINCERIDADE NAS AÇÕES

"EM MUITAS SITUAÇÕES, SER SINCERO, VERDADEIRO, AUTÊNTICO, SIGNIFICA ASSUMIR UMA ATITUDE MUITO CORAJOSA."

PARA COMEÇAR...

Essa atividade você fará, primeiramente, com um colega. O que essas palavras lembram a vocês? Para cada uma indiquem outras três que, na opinião de vocês, se relacionam com elas.

SINCERIDADE	
FALSIDADE	
VAIDADE	
HUMILDADE	
HONESTIDADE	
DESONESTIDADE	

Agora, vamos à segunda parte da tarefa.

Cada dupla de alunos vai contar para a turma quais palavras indicou. O professor vai escrevê-las no quadro de giz. Cada vez que uma palavra se repetir, será feito um traço para indicar que ela apareceu mais uma vez.

Juntos, retomem cada lista de palavras e destaquem as que apareceram por mais vezes, isto é, que foram indicadas por mais duplas de alunos. Conversem sobre elas e, juntos, produzam um texto ou uma frase que represente o que turma entende por:

SINCERIDADE

FALSIDADE

VAIDADE

HUMILDADE

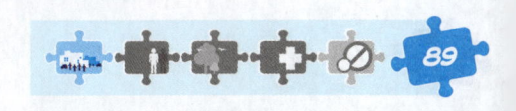

HONESTIDADE

DESONESTIDADE

REFLETINDO

Em muitas situações, ser sincero, verdadeiro, autêntico, significa assumir uma atitude muito corajosa pelas consequências que essa atitude pode acarretar.

Mas o que significa ser sincero, verdadeiro, autêntico?

Às vezes, ser humilde é muito mais difícil do que ser vaidoso. Você concorda? Por que isso acontece?
O que é mais agradável: receber um elogio ou uma crítica? Por quê?

CONVERSANDO

Conte suas experiências aos colegas e ouça o relato deles.

Você já se sentiu recompensado e feliz por ter sido sincero e verdadeiro? Como foi isso?

Ou, o contrário, você já viveu uma situação complicada por ter sido sincero e verdadeiro? Qual?

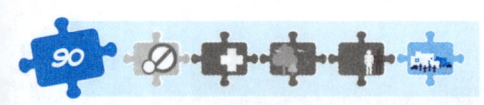

PARA LER

A história que você lerá a seguir é de autoria de Hans Christian Andersen e foi escrita em 1837.

Andersen escreveu muitos contos de fadas, entre eles: "O patinho feio", "A pequena sereia", "A polegarzinha", "O soldadinho de chumbo", "A pequena vendedora de fósforos". Vale a pena ler essas histórias, pois elas são muito interessantes!

A ROUPA DO REI

Era uma vez um imperador que gostava muito de roupas novas e bonitas. Vaidoso, ele se preocupava muito mais com suas roupas do que com seu reino.

Um dia, chegaram ao reino dois forasteiros, dizendo ser tecelões. Contaram que o tecido que fabricavam, além de belo, tinha poderes mágicos: só as pessoas muito inteligentes o enxergavam. As pessoas que não faziam bem suas tarefas ou que eram estúpidas não conseguiam vê-lo. Pensando em ter encontrado uma boa oportunidade de descobrir quem eram essas pessoas no reino, o rei mandou os dois forasteiros prepararem a sua roupa.

Deu a eles uma grande quantia em dinheiro, o melhor fio de seda e ouro. A notícia da roupa espalhou-se e logo a cidade inteira sabia dos poderes especiais do tecido. De tempos em tempos, o rei mandava um funcionário verificar o andamento do trabalho. Os funcionários, apesar de não verem nada — pois nada havia para ver —, mas com medo de parecerem estúpidos, contavam ao rei maravilhas sobre sua roupa.

Um dia, os dois forasteiros anunciaram: "— A roupa está pronta!". Acompanhado de seus funcionários, o rei foi vestir sua roupa nova. Ele iria desfilar perante toda a cidade. Os dois forasteiros pediram ao rei que tirasse as roupas que vestia. Depois, fingiam entregar-lhe a "roupa" que fizeram, peça por peça. O rei olhava-se no espelho e não via nada além de sua imagem nu.

O povo, nas calçadas, esperava pelo rei e, não querendo passar-se por tolo, exclamava: "— Que bela roupa!".

Porém, uma criança que estava entre a multidão, achando tudo aquilo muito estranho, gritou: "— O rei está nu!".

O povo, então, enchendo-se de coragem, começou a gritar: "— Ele está nu! Ele está nu!".

O rei ficou nervoso por desempenhar um papel tão ridículo, mas não interrompeu o desfile. Depois, envergonhado, voltou ao palácio, de onde não queria mais sair.

CONVERSANDO SOBRE O TEXTO

- Você já conhecia esse conto?

- Ele nos ensina alguma coisa? O que você acha?

- O que você achou da atitude dos funcionários do rei? Eles foram sinceros, falsos, honestos ou desonestos?

- Ou será que eles foram muito medrosos? E, se foram, do que eles poderiam ter medo?

- É muito comum uma atitude sincera puxar outras atitudes sinceras. Há algum trecho do texto que confirme isso? Qual?

- O que poderia explicar uma atitude como a da criança em comparação com a atitude dos funcionários do rei e do seu povo?

- Que característica do rei facilitou a ação dos forasteiros trambiqueiros?

- Pegue um lápis de cor verde, um de cor azul e outro de cor vermelha. Agora, marque no texto: em VERDE, uma passagem que possa exemplificar uma atitude sincera; em AZUL, uma passagem que exemplifique uma atitude falsa; em VERMELHO, uma passagem que exemplifique a desonestidade.

"A MÁSCARA CAIU"

Você já ouviu essa expressão?
Em qual ou quais situações?
Pesquise, em jornais ou revistas, uma notícia sobre uma situação ou um fato em que essa expressão possa ser aplicada.
Cole a notícia ou faça um relato por escrito.

Que palavras podem representar a expressão "A máscara caiu"? Liste.

_____
_____
_____
_____
_____

Das palavras abaixo, pinte somente aquelas que, em sua opinião, NÃO representam a expressão "A máscara caiu".

FALSIDADE	TRANSPARÊNCIA	VERDADE
SINCERIDADE	HIPOCRISIA	MENTIRA
HONESTIDADE	DESONESTIDADE	DISFARCE

Mas, e se olharmos a máscara de outro ponto de vista?

Então pense:
- podemos sorrir, apesar da vontade de chorar;
- podemos falar alto para esconder o medo;
- podemos calar para não ofender...

Nessas situações, estaríamos usando uma máscara?
E essa máscara seria tão negativa, tão hipócrita?
Que cara teria essa máscara?

E essas?

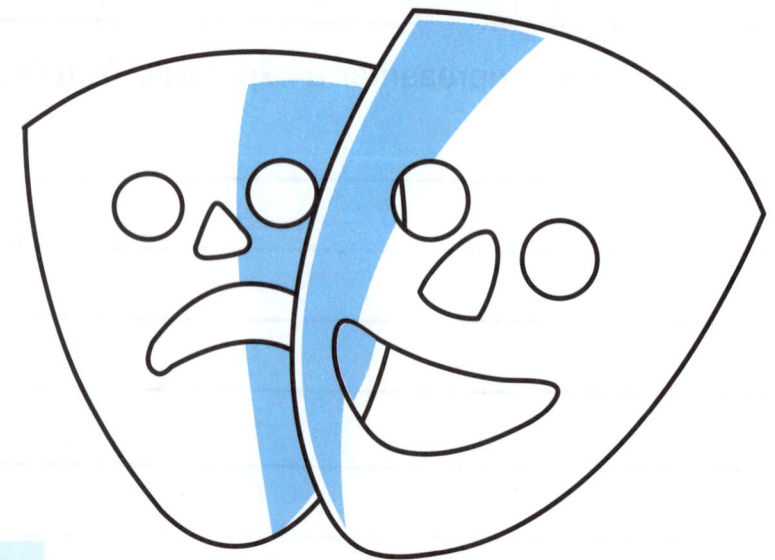

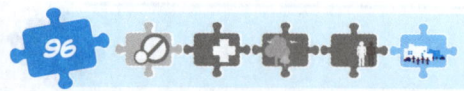

SABENDO MAIS

A máscara acompanha a história da humanidade desde os primórdios. Quando o homem primitivo ia caçar, se mascarava para poder se aproximar de sua caça ou para ganhar poder sobre sua presa. A máscara era utilizada, também, para que ele pudesse se aproximar dos deuses e das forças da natureza.

O mais antigo registro de uso de máscara foi encontrado na caverna de Lascaux, na França. Esse registro mostrava caçadores mascarados com cabeças de animais.

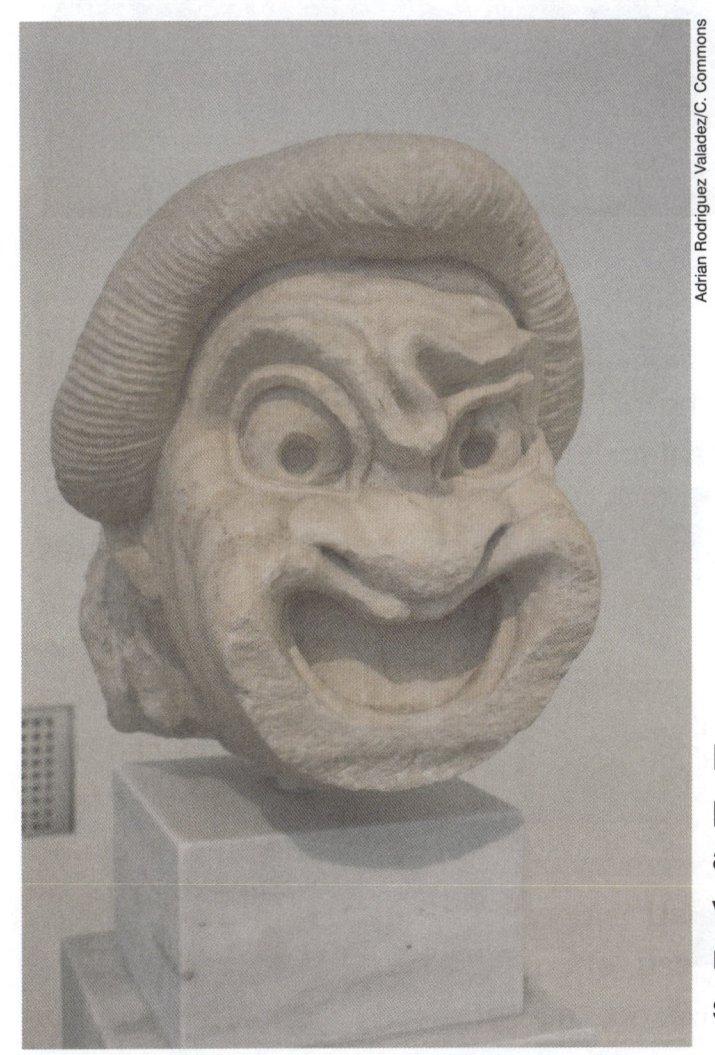

No teatro grego, a encenação das peças era feita exclusivamente por atores masculinos que representavam, também, personagens femininos. Esses atores, para esconder sua identidade, usavam máscaras.

Os egípcios tinham o costume de confeccionar máscaras funerárias para que o morto fosse reconhecido no além. Uma das mais famosas é a do faraó Tutankhamon, que data do século XII a.C. e se encontra atualmente exposta no Museu do Cairo, no Egito.

Os indígenas brasileiros faziam uso de máscaras em rituais tribais e cerimônias religiosas e danças, como na dança do Aruanã, entre os Carajá, quando representam heróis que mantêm a ordem do mundo.

Algumas máscaras representavam animais, outras representavam forças da natureza, como raios, chuvas e trovões. O material usado para a confecção das máscaras — como casca e tronco de árvores, resinas, cabaças e palhas de buriti — era considerado sagrado.

Máscara carajá (Acervo Memória da America Latina).

Na cultura africana, a máscara também merece destaque. Para os africanos, a máscara permitia, a quem a usasse, absorver poderes mágicos dos espíritos e, com isso, ajudar a comunidade na cura de doenças, em rituais fúnebres, casamentos e nascimentos.

Os povos africanos utilizavam principalmente a madeira para confeccionar suas máscaras por acreditarem que as árvores possuíam uma alma, um espírito e essa essência era transferida para a máscara, conferindo uma espécie de poder ao seu portador.

VOCÊ SABIA...

Antes de começar a esculpir uma máscara, o artífice africano passa por um processo de purificação, com orações aos espíritos ancestrais para que as forças divinas sejam transferidas para a máscara durante o processo de manufatura.

Para a maioria dos povos, as máscaras simbolizavam seres da natureza, deidades (divindades), o reino dos mortos e animais ancestrais, conforme podemos ver nessas imagens:

Iandé – Casa das Culturas Indígenas

Povo: Índios Tikuna da Amazônia.

Pode-se, enfim, dizer que as máscaras são usadas:
- para disfarce;
- como símbolo de identificação;
- para esconder a identidade;
- para a transfiguração;
- para a representação de espíritos da natureza, deuses, antepassados, seres sobrenaturais ou rosto de animais;
- para a participação em rituais;
- para a interação com dança ou movimento;
- como parte integrante de cerimônias religiosas;
- como adereço.

Essa máscara, muito usada em festas e carnavais, pode ser um disfarce ou simplesmente um adereço, uma fantasia.

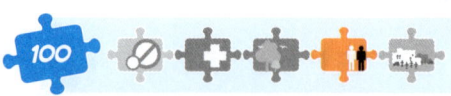

Roberto Tostes/Stock.xchng

ATIVIDADE

1. Pesquise sobre máscaras utilizadas em festas folclóricas brasileiras. Desenhe-as abaixo e faça uma legenda para explicá-las.

2. Transforme a máscara africana a seguir.
Você pode usar recorte, colagem ou pintura.

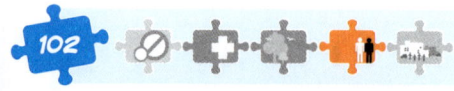

As máscaras na saúde

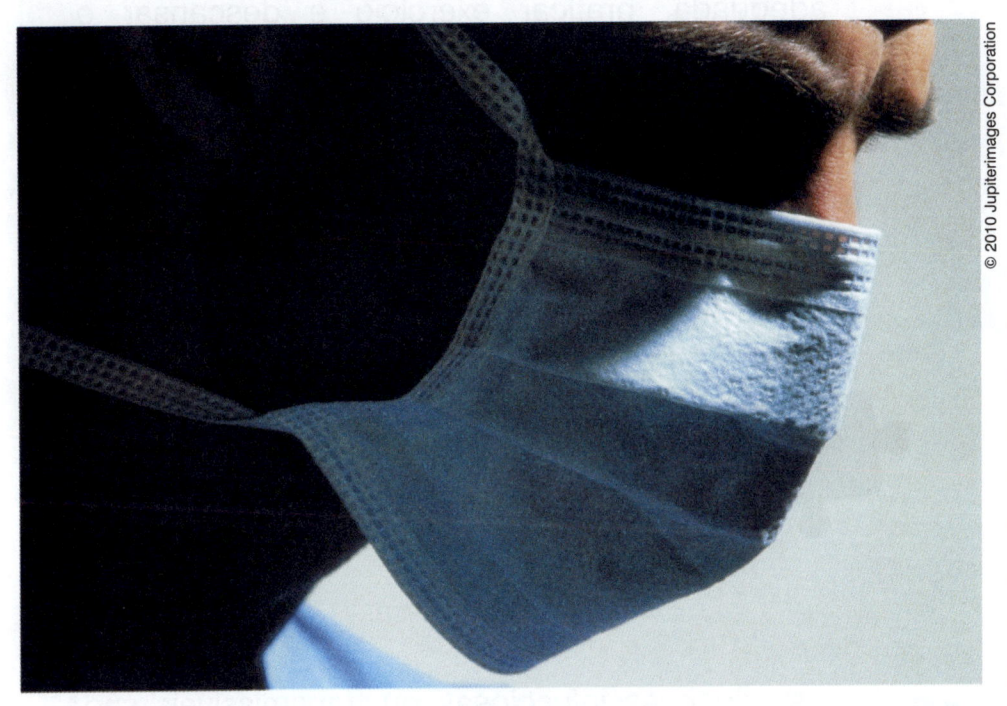

O uso de máscaras serve também como recurso para a prevenção de doenças transmissíveis, como foi o caso recente da gripe H1N1.

Atualmente, vemos acontecer campanhas de prevenção de doenças entre a população, e é nosso dever contribuir e ajudar a reduzir a probabilidade de transmissão de doenças respiratórias. Para tanto, devemos:

- Manter boas condições ambientais e um adequado sistema de ventilação nos espaços interiores.

- Manter uma higiene pessoal adequada, lavar as mãos com regularidade, sobretudo após o contacto com secreções nasais e orais.

- Cobrir a boca e o nariz sempre que espirrar ou tossir, adotar medidas de precaução no manuseio das secreções nasais e orais.

- Escolher uma dieta equilibrada e uma hidratação adequada, praticar exercício e descansar o suficiente. Evitar o cansaço demasiado. Não fumar e reforçar as defesas imunitárias.

- Consultar imediatamente o médico, caso não estejamos bem de saúde.

ATENÇÃO

As doenças infecciosas ou transmissíveis são aquelas causadas por um agente biológico (por exemplo: vírus, bactéria ou parasita) e que podem ser transmitidas aos outros por meio do contágio com o doente ou infectado.

AMPLIANDO CONHECIMENTOS

A gripe H1N1

A gripe H1N1 é transmitida pelo ar, de pessoa para pessoa, através de gotas de saliva e, ainda, pelo contato das mãos com objetos e/ou superfícies contaminadas.

Seus principais sintomas são febre, tosse, dores nos músculos, falta de ar e, alguns casos, vômitos e diarreia.

Uma pessoa infectada pode contagiar outras em 7 dias.

Leia esse cartaz:

O que você precisa saber para se proteger da Influenza A(H1N1).

Ministério da Saúde

A Influenza A(H1N1) é uma doença respiratória aguda e a transmissão ocorre de pessoa a pessoa, através do espirro, tosse ou contato com secreções respiratórias de quem está infectado. Devido à ocorrência de casos no Brasil, todos devem tomar as precauções para combater a doença. Estar bem informado ajuda a evitar a doença. Repasse para o maior número de pessoas possível as orientações contidas neste e-mail.

Como se pega a nova gripe?
Da mesma forma da gripe comum: pelo espirro, tosse ou contato indireto com secreções respiratórias de quem está infectado.

O que fazer para não pegar a nova gripe?
Com medidas simples você pode se prevenir. Ao tossir ou espirrar, cubra a boca e o nariz com lenço descartável. Lave sempre as mãos com água e sabão. Não compartilhe copos, toalhas e outros objetos pessoais.

Quando procurar o atendimento médico?
Se você estiver com febre acima de 38ºC, tosse ou dor de garganta, procure o seu médico ou a unidade de saúde mais próxima. Persistindo os sintomas, retorne imediatamente a uma unidade de saúde.
E atenção! Ninguém deve tomar medicamentos sem indicação médica. A automedicação pode ser prejudicial à saúde.

A nova gripe é muito perigosa?
Até agora, os casos registrados no Brasil e no mundo apresentam complicações iguais às da gripe comum. A grande maioria já está curada e retomou suas atividades normais.

Onde buscar orientações em relação à suspensão das aulas?
A direção da escola deve buscar orientações na Secretaria de Saúde do seu município, pois é a autoridade sanitária local que deve avaliar a situação e recomendar a medida que julgar necessária.

A nova gripe tem tratamento?
Tem sim. Toda a rede do Sistema Único de Saúde (SUS) está preparada para atender os casos e tratar, quando indicado.

- Lavar as mãos frequentemente com água e sabão, especialmente depois de tossir ou espirrar.
- Ao tossir ou espirrar, cubra a boca e o nariz com lenço descartável.
- Não compartilhar alimentos, copos, toalhas e objetos de uso pessoal.
- Pessoas com qualquer gripe devem evitar ambientes fechados e com aglomeração de pessoas.
- Não usar medicamentos sem orientação médica. A automedicação pode ser prejudicial à saúde.
- Procure o seu médico ou a unidade de saúde mais próxima em caso de gripe para diagnóstico e tratamentos adequados.

Outras informações:
www.saude.gov.br
DISQUE SAÚDE 0800 61 1997

SUS 20 ANOS — Agência Nacional de Vigilância Sanitária — Secretaria de Vigilância em Saúde — Ministério da Saúde — BRASIL UM PAÍS DE TODOS GOVERNO FEDERAL

Retire, dele, as medidas que devem ser tomadas para prevenir a gripe H1N1 e, em grupos organizem um outro cartaz para ser afixado na escola.

UNIDADE 5 — **MÃOS QUE CONSTROEM**

"O ARTESANATO DESPERTA APTIDÕES E APRIMORA O INTELECTO, POIS TRANSFORMA A MATÉRIA BRUTA EM ALGO ÚTIL, BELO E ARTÍSTICO."

O trabalho artesanal

O artesanato é uma forma antiga do processo de trabalho que constituiu o homem, como vimos nos povos indígenas, africanos, entre outros. Nesse tipo de trabalho, o artesão possui as ferramentas e realiza desde o preparo da matéria-prima até o acabamento final. Não há divisão de trabalho ou especialização para a confecção de algum produto.

Nessa imagem, vemos uma etapa da produção de utensílios de forma artesanal. Chamamos essa atividade de cestaria.

Os indígenas brasileiros são mestres na arte da cestaria.

A partir de uma matéria-prima abundante — folhas, palmas, cipós, talas, fibras —, produzem, trançando as fibras, uma grande variedade de cestos, abanos e redes.

Iandé – Casa das Culturas Indígenas

A cesta da imagem foi confeccionada pelos indígenas Wassieri-Atroari (sul de Roraima e norte do Amazonas) que dominam a arte da cestaria.

Esse trabalho exige que o "cesteiro" tenha conhecimentos muito precisos sobre as matérias-primas a serem utilizadas e sobre o ato de entrecruzar, isto é, de trançar essas fibras.

Repare como são bonitos os desenhos tradicionais reproduzidos na cestaria, seja pelo modo de tecer as talas de arumã, seja pelo uso das tonalidades dessas fibras de cor natural, ou pintadas com tintas naturais.

Atualmente, muitos indígenas garantem o sustento de suas famílias por meio da venda dos cestos que produzem.

Os povos indígenas se dedicam também à confecção de cerâmica. Nas peças que produzem, retratam, muitas vezes, aspectos de seus costumes. Os registros e os símbolos desses povos são muito característicos e muito bonitos.

Observe esse vaso marajoara pintado pelos indígenas da Ilha do Marajó, no Norte do Brasil.

Você sabia que eles usam esses vasos como urnas funerárias?

Observe, ao lado, as bonecas de cerâmica produzidas pelos índios Carajá.

CURIOSIDADE

Os indígenas da Ilha de Marajó são grandes ceramistas, pois na região tem boa argila. Já os da região do Amapá, da bacia do rio Oiapoque, foram grandes artesãos no uso da pedra.

ATIVIDADE

Observe, na imagem, um vaso marajoara e o desenho nele aplicado.

João Caldas/Olhar Imagem

Na ilustração da página a seguir, procure reproduzir essa belíssima arte e pinte o vaso com o estilo desse povo indígena brasileiro.

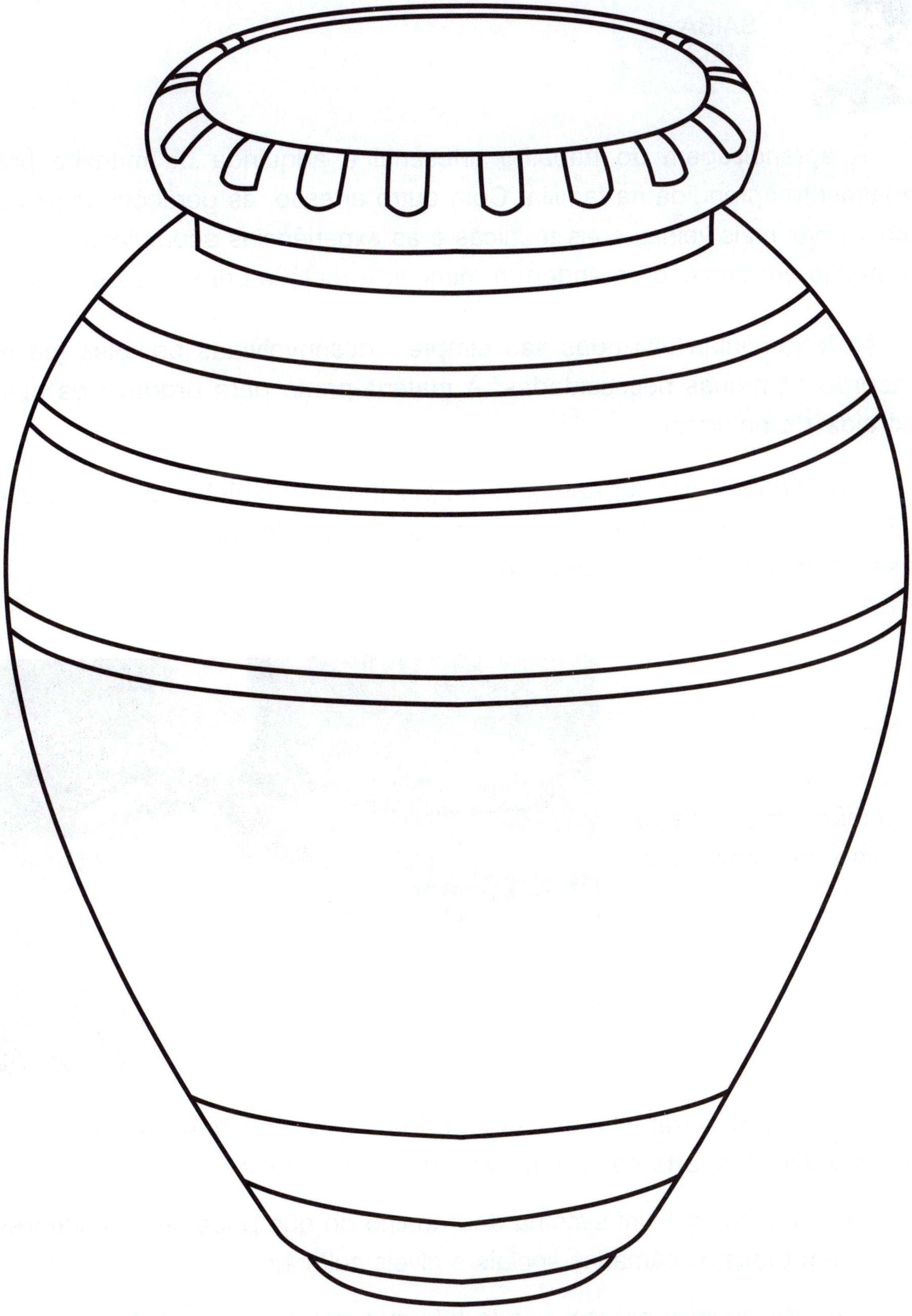

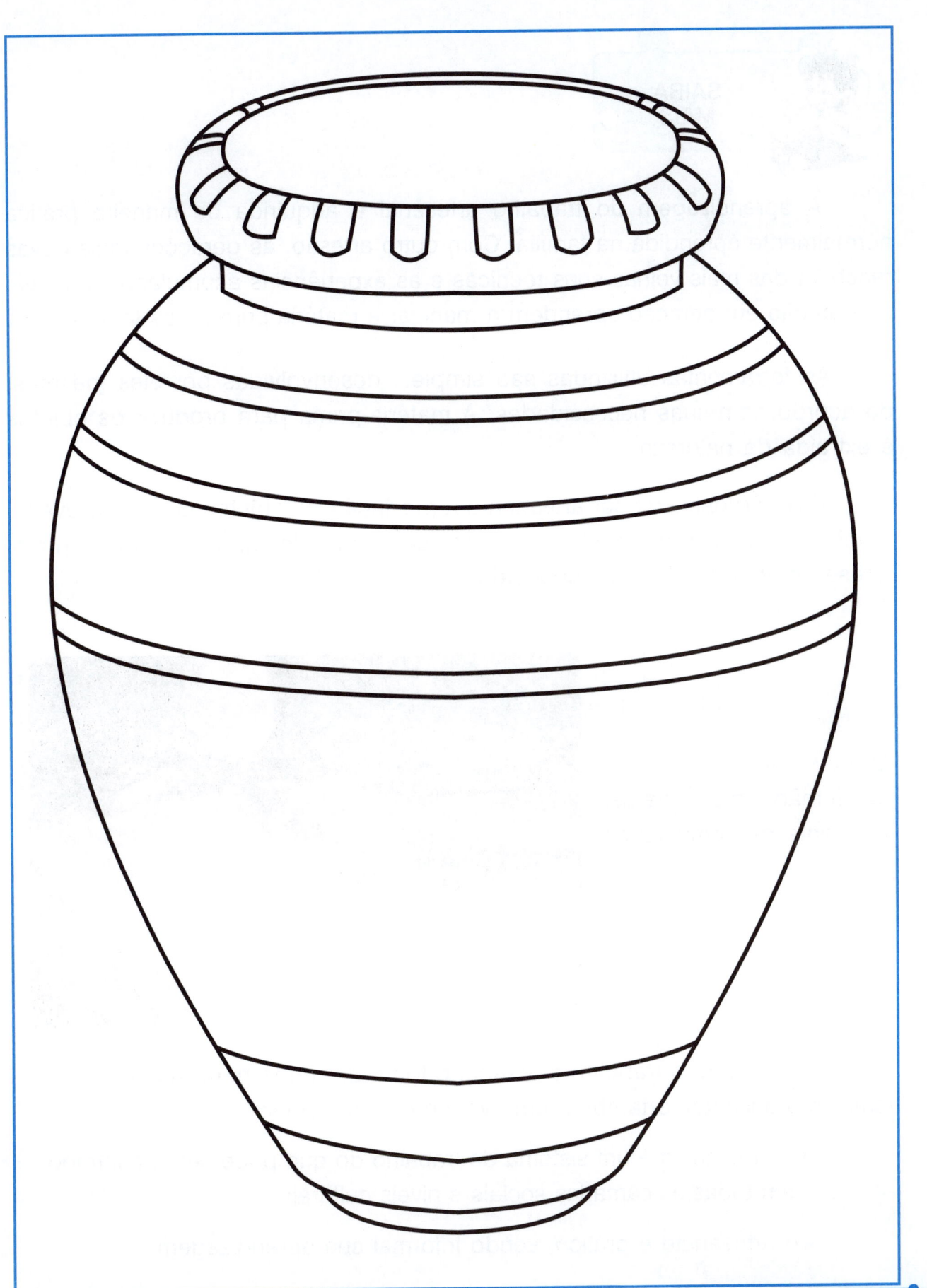

SAIBA MAIS

A aprendizagem do trabalho artesanal é adquirida de maneira prática normalmente aprendida na família. Com outro artesão, as gerações mais novas recebem das mais velhas suas técnicas e as experiências acumuladas, ou seja, de geração em geração aprendem a manejar a matéria-prima e as ferramentas.

As ferramentas utilizadas são simples, desenvolvidas por eles mesmos, de acordo com suas necessidades. A matéria-prima para produzir os objetos é extraída da natureza.

Mas não deixa de ser artesanato a produção de objetos com o aproveitamento de retalhos de papel, panos, fios de arame, de linha, etc. Hoje em dia, artesão é uma profissão reconhecida.

O artesão é a pessoa que faz, à mão, objetos de uso frequente na comunidade.

Atualmente, o trabalho artesanal é fonte de renda para muitas famílias brasileiras, e também um avanço cultural, pois:

- o artesanato é um sistema de trabalho do que pode ser encontrado em todas as camadas sociais e níveis culturais;

- o artesanato é prático, sendo informal sua aprendizagem;

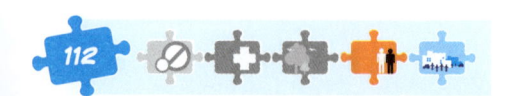

- o que o artesão faz pode ser sua própria criação, pode ser o que aprendeu na família ou o que viu alguém fazer;
- o artesão aprende a fazer, fazendo.

Esse trabalho sempre tem características pessoais de cada artesão. Observe a beleza desse artesanato do povoado de Munbuca, localizado no Jalapão, em Tocantins, feito com capim dourado.

VANTAGENS DO TRABALHO ARTESANAL

Pelo lado social, o artesanato possibilita ao artesão melhores condições de vida e, na luta contra o desemprego, pode ser considerado elemento de equilíbrio no País.

Pelo lado artístico, o artesanato desperta as aptidões e aprimora o intelecto, pois transforma a matéria bruta em algo útil, belo e artístico.

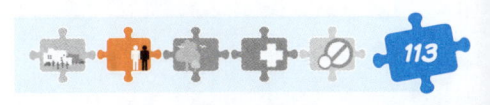

ATIVIDADE

Você sabia que o artesanato faz bem para a saúde mental da pessoa?

Isso mesmo, muitas vezes afasta a pessoa dos vícios e da delinquência; é terapêutico, pois acalma pela ocupação manual, descarrega tensões, desenvolve habilidades e a paciência.

Vamos comprovar isso?

Juntamente com seu professor recolha sementes, cereais, pedrinhas ou outros elementos encontrados na natureza e procure criar peças de artesanato com esses materiais. Organizem uma exposição com os produtos confeccionados.

Registre aqui o resultado desse trabalho com fotos ou desenhos.

Observe as imagens de produtos artesanais indígenas utilizados na decoração.

ATIVIDADE

Observe um grafismo indígena do povo Kadiwú.

Esses desenhos são geométricos, de grande beleza e equilíbrio e aparecem não só no corpo, mas também na cerâmica, couros, esteiras e objetos de uso doméstico, como potes para água, moringa ou tigelas com formas exóticas.

Vamos criar um barrado semelhante para decorarmos nossa página?

Quando vemos tanta diversidade na arte, pensamos também que existem muitos povos indígenas espalhados em áreas pelo nosso País, não é mesmo?

Hoje em dia, a maior parte dos povos indígenas vive em reservas, em áreas demarcadas e protegidas pelo governo, pois a constituição estabeleceu: os índios têm direitos sobre "as terras que tradicionalmente ocupam".

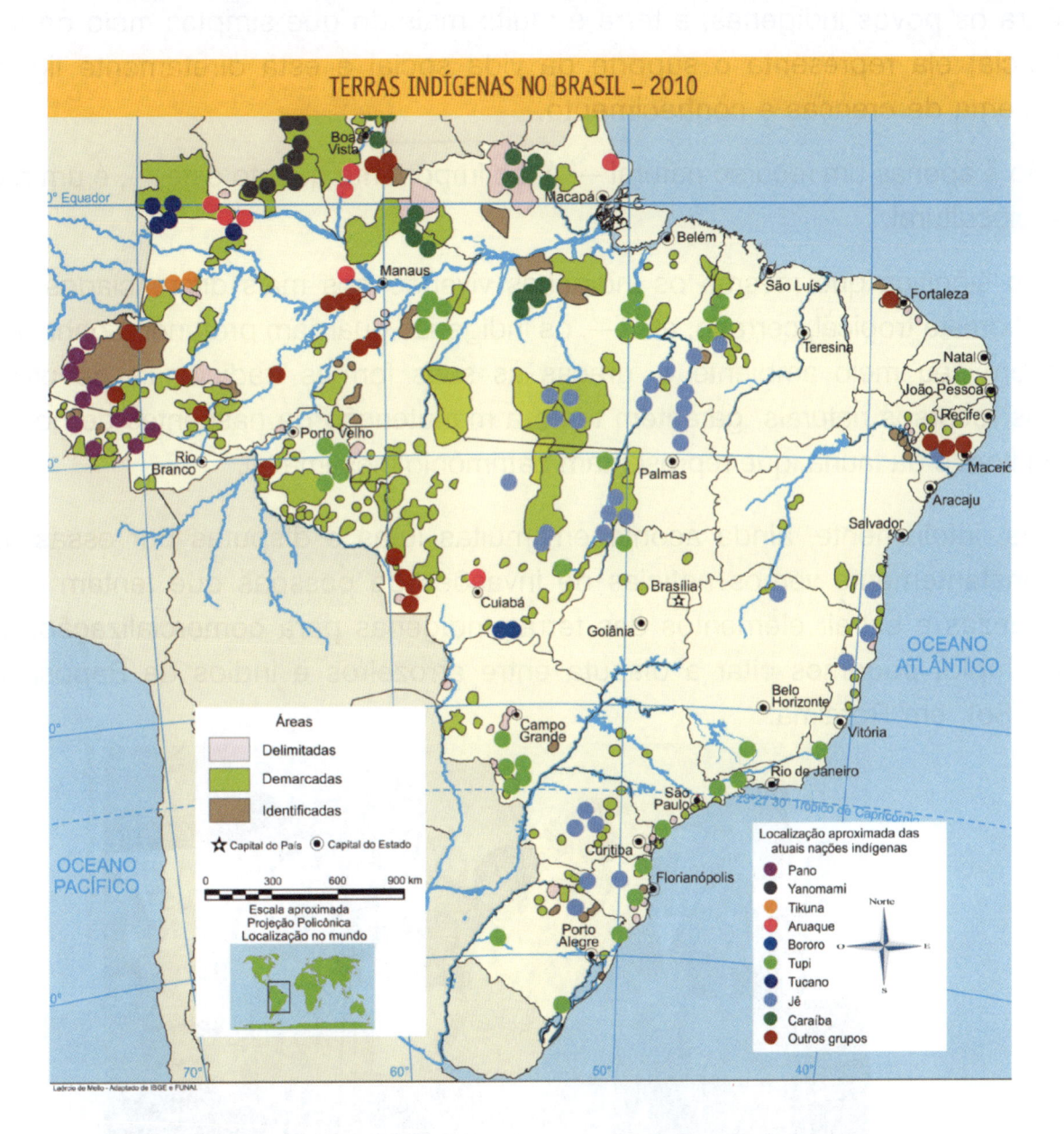

TERRAS INDÍGENAS NO BRASIL – 2010

A área de uma reserva indígena deve incluir não só a aldeia, mas também as terras em volta, onde se pode plantar, caçar, pescar.

> Nas reservas, os índios mantêm seus costumes, porém é importante integrar essas comunidades na vida social do nosso país, ouvindo suas ideias e fazendo com que contribuam para o desenvolvimento do Brasil.

Para os povos indígenas, a terra é muito mais do que simples meio de subsistência; ela representa o suporte da vida social e está diretamente ligada ao sistema de crenças e conhecimento.

Não é apenas um recurso natural — é tão importante quanto este —, é um recurso sociocultural.

Isso significa que mesmo os indígenas vivendo nos mais diferenciados biomas — floresta tropical, cerrado, etc. —, os indígenas guardam profundo conhecimento sobre seu meio ambiente e, graças às suas formas tradicionais de utilização dos recursos naturais, garantem tanto a manutenção de nascentes de rios como da flora e da fauna, que representam patrimônio inestimável.

Mas, infelizmente, ainda acontecem muitas lutas e disputas por essas terras. Constantemente vemos notícias de invasões de pessoas que tentam explorar riquezas e extrair elementos das terras indígenas para comercialização. Como exemplo, podemos citar a disputa entre arrozeiros e índios da Raposa Serra do Sol, em Roraima.

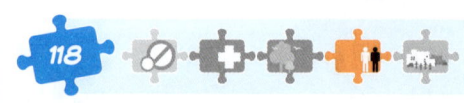

ATIVIDADE

Esses fatos são muito sérios; é preciso que essas disputas acabem e que todos respeitem as leis. Leia mais sobre o assunto e faça seu comentário pessoal.

> Falamos muito em matéria-prima no artesanato, mas você sabe o que é matéria-prima?

Matéria-prima é o nome dado a um material que serve de ponto de partida para a confecção de uma produção qualquer, por exemplo: plantas ou resinas retiradas da natureza para produzir tintas, fibras e madeiras para fabricar cestas, o barro para a cerâmica, entre outros.

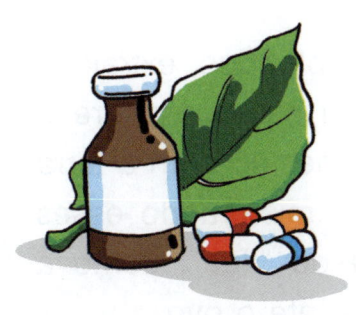

Para uso na fabricação de medicamentos, as matérias-primas são materiais retirados de animais, vegetais ou minerais com alguma propriedade farmacológica, ou de interesse médico para prevenção/cura de doenças, como vimos no volume anterior sobre as ervas medicinais.

ATIVIDADE

Pense, pesquise e registre:
O que é possível fazer com essa matéria-prima?

Essa matéria-prima é a jurubeba.
Você já ouviu falar dela?
Pesquise para que serve e como é utilizada na medicina.
Vamos explorar as cores da natureza e produzir arte com elas?

CURIOSIDADE

Algumas cores são extraídas dos lugares mais estranhos!
As cores sépia e púrpura vêm de moluscos.
O carmim vem de um inseto chamado cochonilha.
O azul-ultramar vem de uma pedra preciosa chamada lápis-lazúli.
O preto-nanquim é extraído do polvo.

Mas há também as mais simples, feitas de pós coloridos, extraídos de plantas, animais e minerais, como vimos em estudos sobre o pau-brasil. Com cascas de árvores, folhas e até mesmo com a terra e suas diferentes cores podemos fabricar tintas, misturando esses materiais a alguma outra substância que sirva de "liga", como a água (no guache e na aquarela), o óleo, a cera e até o ovo.

FAZENDO ARTE

Recolha diferentes tipos de terra, coloque-as em potes separados, acrescente água e um pouco de cola para dar liga e pinte sobre o papel.

Depois de seco, recorte um pedaço e cole no espaço a seguir aquele que você mais gostou e que apresentou melhor resultado na coloração.

UNIDADE 6 — A COOPERAÇÃO COMO TAREFA DE TODOS

"OS INDÍGENAS NOS ENSINAM QUE TRABALHAR JUNTO COM OS OUTROS É MAIS PRODUTIVO E NOS TORNA MAIS FORTES, E QUE É PELO TRABALHO CONJUNTO QUE AS COMUNIDADES SÃO BENEFICIADAS."

Existem duas palavras que significam muito quando pensamos em grupo:

COOPERAR

COOPERAÇÃO

Vamos procurar saber o significado dessas palavras no dicionário e registrar nas linhas a seguir.

_____
_____
_____
_____
_____
_____

Muitas vezes, ouvimos dizer que vai haver um mutirão para fazer a limpeza de uma escola ou de um local público, não é mesmo?

O que significa um MUTIRÃO?

É uma iniciativa coletiva para a execução de um serviço não remunerado, por exemplo: um mutirão para pintar a escola do bairro, para limpar um parque, etc.

A imagem abaixo mostra um grupo de homens trabalhando em mutirão na construção de habitações.

Os jornais, os noticiários de rádio ou a televisão têm apresentado muitas notícias sobre a realização dos mais variados mutirões.

Leia algumas manchetes de jornais retiradas da internet:

MUTIRÃO DE QUATRO MUNICÍPIOS VAI LIMPAR A BAÍA DE VITÓRIA

QUATRO MUNICÍPIOS DO ESPÍRITO SANTO (VITÓRIA, VILA VELHA, CARIACICA E SERRA) SE REUNIRÃO PARA UMA GRANDE FAXINA: A LIMPEZA DA BAÍA DE VITÓRIA. COM ISSO, ESPERA-SE REDUZIR A POLUIÇÃO E O LIXO EXPOSTO QUANDO A MARÉ ESTÁ CHEIA.

SAÚDE REALIZA MUTIRÃO CONTRA DENGUE NA VILA DOS PESCADORES, EM CUBATÃO.

AGENTES DO PROGRAMA MUNICIPAL DE CONTROLE E COMBATE À DENGUE VISITARAM 921 IMÓVEIS. ALÉM DA ELIMINAÇÃO DE POSSÍVEIS FOCOS DO MOSQUITO E RETIRADA DE MATERIAIS INSERVÍVEIS (OBJETOS QUE PROPICIAM O SURGIMENTO DE LARVAS DO INSETO TRANSMISSOR), OS MORADORES FORAM ORIENTADOS ACERCA DE CUIDADOS E ATITUDES QUE DEVEM SER TOMADOS PARA EVITAR A DOENÇA.

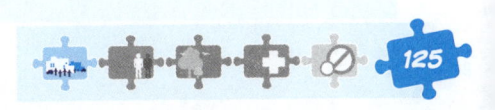

MUTIRÃO DO EMPREGO OFERECERÁ MAIS DE 6000 VAGAS EM CURITIBA

ESSE MUTIRÃO, PROMOVIDO PELA PREFEITURA, É UM ESFORÇO PARA PROMOVER UM ENCONTRO ENTRE AS PESSOAS QUE PRECISAM DE UM EMPREGO E AS VAGAS DISPONÍVEIS NA CIDADE.

MUTIRÕES DE PREFEITURAS E EMPRESAS GARANTEM ESTOQUE DO HEMOCENTRO

MUTIRÕES DE DOAÇÃO DE SANGUE PROMOVIDOS PELAS PREFEITURAS E EMPRESAS DA REGIÃO DE MARÍLIA (SÃO PAULO) GARANTIRAM ESTOQUES DO HEMOCENTRO DURANTE O CARNAVAL, PERÍODO EM QUE, GERALMENTE, ELES FICAM ABAIXO DO NECESSÁRIO.

Após a leitura, reúna-se com alguns colegas, discutam e apontem os benefícios que esses mutirões podem ter trazido à população.

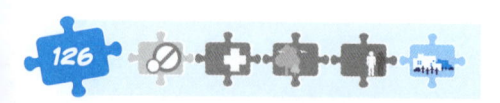

Faça uma pesquisa sobre mutirões realizados na cidade onde você mora. Indique, abaixo, quais foram feitos e os benefícios que trouxeram para as pessoas.

{
_____
_____
_____
_____
_____
_____
_____
_____

Discutam, em grupo, as questões a seguir. Depois, registrem as conclusões a que chegaram:

Quais são os maiores problemas existentes na nossa sala de aula ou na nossa escola?

{
_____
_____
_____
_____
_____
_____
_____
_____

Quais desses problemas poderiam ser resolvidos em mutirão?

_____
_____
_____
_____
_____
_____
_____
_____

Como poderia funcionar esse mutirão? Quem participaria? Que nome poderia ter?

_____
_____
_____
_____
_____
_____
_____
_____

Infelizmente, durante muito tempo, nossa sociedade foi condicionada a viver em constante competição, quase sempre em busca das mesmas oportunidades. Com isso, alguns valores como união, amor, cooperação, bondade, paz, solidariedade e amizade foram esquecidos.

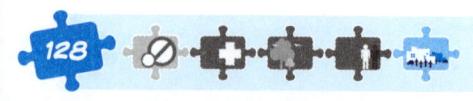

ATIVIDADE

No nosso dia a dia estamos expostos a diversas situações que exigem cooperação. Identifique algumas na ilustração a seguir, circule-as e marque com qual delas você coopera ou pode cooperar.

INDAGANDO

Cooperação é um processo no qual indivíduos ou grupos atuam em conjunto para a execução de um objetivo comum.

129

LEIA A HISTÓRIA

A GALINHA RUIVA

Era uma vez uma galinha ruiva que morava com seus pintinhos numa fazenda. Um dia, ela percebeu que o milho estava maduro, pronto para colher e se transformar em um bom alimento.

A galinha ruiva teve a ideia de fazer um delicioso bolo de milho. Com certeza, todos iriam gostar! Só que daria muito trabalho porque seria preciso bastante milho para o bolo. Quem poderia ajudar a colher as espigas? Quem poderia ajudar a debulhar todo aquele milho? Quem poderia ajudar a moê-lo para fazer a farinha? Se todos ajudassem, não seria nada complicado. Pensando nisso, a galinha ruiva procurou seus amigos.

— Quem pode me ajudar a colher o milho para fazer um delicioso bolo? — perguntou ela.

— Eu não, disse o gato. Estou com muito sono.
— Eu não, disse o cachorro. Estou muito ocupado.
— Eu não, disse o porco. Acabei de almoçar.
— Eu não, disse a vaca. Está na hora de brincar lá fora.

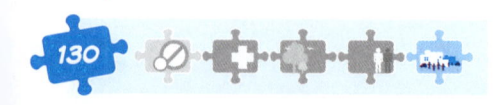

Como todos disseram não, a galinha ruiva, sozinha, colheu as espigas, debulhou o milho, moeu a farinha, preparou o bolo e colocou no forno.

Quando ficou pronto, o bolo exalou um cheirinho delicioso! Os amigos, com água na boca, foram se aproximando.

Nessa hora, a galinha ruiva disse:
— Quem me ajudou a colher e a preparar o milho para fazer o bolo?

Todos ficaram bem quietinhos, pois ninguém tinha ajudado.

— Então, quem vai comer o delicioso bolo de milho sou eu e meus pintinhos, apenas! Vocês podem continuar a descansar.

E assim foi: A galinha e seus pintinhos se esbaldaram com o gostoso quitute e nenhum dos preguiçosos foi convidado.

CONVERSE SOBRE A HISTÓRIA

1. É possível tirar uma lição dessa história? Qual?
2. Qual sua opinião sobre a atitude dos amigos da galinha ruiva?
3. E a atitude dela, você achou adequada? Por quê?
4. Se você fosse um dos amigos da galinha ruiva, que atitude tomaria naquela situação? E se fosse a galinha ruiva?
5. Em sua vida, você já passou por uma situação que só foi resolvida porque teve a cooperação dos amigos? Conte como foi.

ATIVIDADE

Jogos em equipe exigem muita cooperação. Com seus colegas, experimente realizar um jogo de quebra-cabeças.

Façam isso em dois momentos:

1º) Marquem um tempo para trabalhar sozinhos. Passado o tempo, cada um anota quantas peças conseguiu colocar corretamente.

2º) Marquem um tempo para trabalhar juntos. Passado o tempo, contem quantas peças conseguiram colocar e comparem com o resultado obtido no primeiro momento.

Depois, relatem como foi a cooperação de cada um dos envolvidos até completar o jogo.

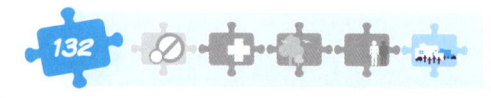

SABER CONSUMIR É COOPERAR COM SUA SAÚDE, COM O MEIO AMBIENTE E COM SEU BOLSO!

Ao comprar um alimento, uma roupa ou qualquer outro produto é preciso sempre conferir as informações que constam no rótulo ou embalagem.

Traga para a escola a embalagem vazia de um produto alimentício utilizado por sua família.

Copie, da embalagem, as informações que você acha importante para o consumidor do produto:

_____
_____
_____
_____
_____
_____
_____

A seguir, estão indicadas as informações que, por lei, a embalagem de um produto alimentício deve conter. Marque um (x) ao lado da informação que você encontrou na embalagem que trouxe de sua casa.

Informações que devem constar da embalagem	Embalagem pesquisada
Marca do produto	
Lista de ingredientes	
Conteúdo líquido	
Origem (país ou município de origem)	
Identificação do lote	
Prazo de validade	
Preparo e instruções de uso	

Um alerta!

Não leve para casa embalagens estufadas, enferrujadas, amassadas, furadas, rasgadas, violadas ou que estejam vazando.

Consumir alimentos enlatados pode ser muito perigoso. O que poderia ser uma deliciosa sobremesa, por exemplo, pode ocasionar uma séria doença, o **botulismo**.

O botulismo é uma doença causada por uma toxina produzida pela bactéria *Clostridium botulinum* (daí o nome botulismo), que pode ser encontrada no solo e em alimentos mal conservados ou contaminados. Uma lata estufada é um importante sinal de alerta.

As embalagens devem indicar, também, se o produto é *diet*, se foi cultivado com agrotóxicos ou se é um alimento geneticamente modificado.

Observe, na embalagem reproduzida abaixo, a indicação de alimento geneticamente modificado e o símbolo que o identifica como tal.

Procure, em diferentes rótulos ou embalagens, o símbolo de alimento **transgênico** ou geneticamente modificado.

De que alimentos são os rótulos e as embalagens nas quais você encontrou o símbolo? Registre:

_____

_____

_____

Complete a lista com indicações feitas pelos colegas.

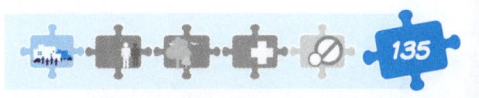

FIQUE SABENDO

O tomate concebido para se manter fresco durante muito tempo é um exemplo de alimento geneticamente modificado; o milho concebido para resistir aos pesticidas é outro exemplo.

Transgênico é um produto geneticamente modificado em laboratório, ou seja, não existe naturalmente e nunca existiria sem a intervenção do homem. Os cientistas ajustam as suas características introduzindo nele novo material genético, por exemplo, uma bactéria capaz de resistir aos pesticidas.

APRENDENDO MAIS

Ainda não existe uma posição totalmente fechada quanto aos benefícios ou malefícios dos produtos transgênicos, pois até mesmo os cientistas estão divididos.

Há os que dizem que os produtos transgênicos podem ter seu valor nutricional aumentado e, com isso, resolver os problemas de alimentação da população dos países menos desenvolvidos.

Outros dizem que ainda não se sabe quais são seus efeitos nos seres humanos. Por isso, é preciso ter muita cautela.

É bastante complicado, não é mesmo?

Mas as pesquisas continuam e em breve saberemos mais sobre os produtos geneticamente modificados, seus malefícios e benefícios.

Por que é importante prestar atenção nas informações que constam nas embalagens ou rótulos dos produtos?

Antes de responder, vamos pensar:

- O que pode acontecer se o produto estiver fora do prazo de validade, isto é, fora do tempo médio que ele demora para deteriorar?

- O que pode acontecer se, por exemplo, uma pessoa é alérgica a algum de seus ingredientes?

- Como podemos usufruir adequadamente de um produto se não sabemos como utilizá-lo?

137

Agora, responda por escrito à pergunta feita anteriormente:

_____

_____

_____

_____

_____

_____

Antigamente, quando ainda não existia geladeira, uma das técnicas para a conservação dos alimentos — como carnes e vegetais — era salgá-los.

Hoje, a indústria utiliza aditivos, que são substâncias químicas para tornar os alimentos mais atraentes, mais apetitosos e aumentar seu prazo de validade. Esses aditivos também dão cor, aroma e consistência aos alimentos.

Mas, cuidado! o uso abusivo de aditivos pode ser prejudicial à saúde!

Essa tarefa é para fazer em grupo.

- Escolham alguns tipos de alimentos e tragam para a escola, pelo menos, dois rótulos ou embalagens desses produtos, mas de marcas diferentes.

- Comparem os ingredientes e aditivos presentes em cada rótulo ou embalagem.

- Façam uma pesquisa sobre a importância para a saúde, dos nutrientes indicados em cada produto.

- Pesquisem, também, sobre a função dos aditivos presentes.

- Combinem uma maneira de registrar as informações que coletaram e de divulgá-las para os demais colegas.

O CONSUMIDOR TEM DIREITOS

Esses direitos foram reunidos no Código de Defesa do Consumidor, uma lei que foi aprovada no Brasil em 1990 e que deve ser conhecida por todos, pois traz as normas para que os consumidores não sejam enganados.

Leia o que diz o art. 6º do Código de Defesa do Consumidor:

1. Proteção da vida e da saúde
Antes de comprar um produto ou utilizar um serviço, você deve ser avisado, pelo fornecedor, dos possíveis riscos a sua saúde ou segurança.

2. Educação para o consumo
Você tem direito de receber orientação sobre o consumo adequado e correto dos produtos e serviços.

3. Liberdade de escolha de produtos e serviços
Você tem todo o direito de escolher o produto ou serviço que achar melhor.

4. Informação
Todo produto deve trazer informações claras sobre sua quantidade, peso, composição, preço, riscos que apresenta e sobre o modo de utilizá-lo. Antes de contratar um serviço, você tem direito a todas as informações de que necessitar.

5. Proteção contra publicidade enganosa e abusiva
O consumidor tem o direito de exigir que tudo o que for anunciado seja cumprido. Se o que foi prometido no anúncio não for cumprido, o consumidor tem o direito de cancelar o contrato e receber a quantia que havia pago.
A publicidade enganosa e a abusiva são proibidas pelo Código de Defesa do Consumidor e são consideradas crimes.

6. Proteção contratual

Quando duas ou mais pessoas assinam um acordo ou um formulário com cláusulas pré-redigidas por uma delas, concluem um contrato, assumindo as obrigações.

O código protege o consumidor quando as cláusulas do contrato não forem cumpridas ou quando forem prejudiciais ao consumidor. Nesse caso, elas podem ser anuladas ou modificadas por um juiz.

7. Indenização

Quando for prejudicado, o consumidor tem o direito de ser indenizado por quem lhe vendeu o produto ou lhe prestou o serviço.

8. Acesso à justiça

O consumidor que tiver seus direitos violados pode recorrer à justiça e pedir ao juiz que determine ao fornecedor que eles sejam respeitados.

9. Facilitação da defesa de seus direitos

O Código de Defesa do Consumidor facilitou a defesa dos direitos do consumidor, permitindo mesmo que, em certos casos, seja invertido o ônus de provar.

10. Qualidade dos serviços prestados

Existem normas no Código do Consumidor que asseguram a prestação de serviços públicos de qualidade, assim como o bom atendimento ao consumidor pelos órgãos públicos ou empresas concessionárias de seus serviços.

ATIVIDADE

1. É preciso estar atento às propagandas, pois, além dos riscos e prejuízos que podem causar ao consumidor, **PROPAGANDA ENGANOSA É CRIME**. Releia o que diz o direito expresso no item 5. Pense um pouco sobre isso e sobre as compras que você e sua família fazem.

Vocês compram somente aquilo que estão realmente precisando?

Você já comprou algum produto porque viu uma propaganda dele? Que produto foi? O que a propaganda prometia?

Você acha que as propagandas influenciam muito, pouco ou não influenciam os consumidores? Por quê?

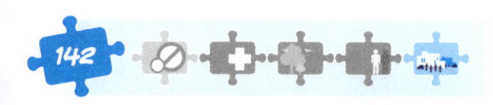

2. Escolha propagandas (você pode pesquisar em revistas ou jornais, por exemplo) de produtos de uso pessoal.

a) O que elas prometem? Registre.

_____
_____
_____
_____
_____

b) Que "palavras positivas" elas usam para ajudar a convencer o consumidor?

_____
_____
_____
_____
_____

c) Há palavras que se repetem nas propagandas? Quais?

_____
_____
_____
_____
_____

d) A propaganda alerta o consumidor sobre os cuidados que se deve ter ao usar o produto?

_____
_____
_____

e) Será que é possível uma pessoa idosa ficar com pele de criança depois de usar um creme facial por sete dias? Será possível melhorar de uma gripe dez minutos depois de ter tomado um remédio? Por que é preciso ficar muito atento às propagandas?

_____
_____
_____
_____
_____

FIQUE SABENDO

O **Procon** é um serviço público que tem por finalidade proteger, amparar e defender o consumidor de práticas comerciais enganosas ou que lhe tragam danos ou prejuízos.

O **Procon** orienta, recebe, analisa e encaminha reclamações, consultas e denúncias, fiscaliza previamente os direitos dos consumidores e pode também aplicar sanções nos infratores.

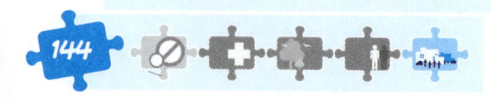

SAIBA MAIS

Informe-se sobre o endereço do Procon em sua cidade e registre-o abaixo:

ATENÇÃO

O Código de Defesa do Consumidor também determina prazos para que o consumidor apresente reclamações sobre o não funcionamento ou a qualidade dos produtos comprados ou serviços recebidos.

Esses prazos são contados a partir da data em que o produto ou serviço foi recebido ou prestado. Se o defeito não é do tipo que pode ser imediatamente percebido, os prazos começam a ser contados a partir da data em que o problema apareceu ou foi percebido.

Os prazos são:

■ **30 dias** para produtos ou serviços não duráveis, por exemplo: alimentos, serviços de lavagem de roupas numa lavanderia, etc.;

■ **90 dias** para produtos ou serviços duráveis, por exemplo: eletrodomésticos, reforma de uma casa, pintura do carro, etc.

> Outro serviço fundamental na vida dos cidadãos é o da **vigilância sanitária.**

A vigilância sanitária compreende um conjunto de medidas que tem como objetivo elaborar, controlar e fiscalizar o cumprimento de normas e padrões de interesse sanitário.

Essas medidas se aplicam a medicamentos e correspondentes, cosméticos, alimentos, saneantes e equipamentos e serviços de assistência à saúde.

As normas de vigilância também se referem a outras substâncias, materiais, serviços ou situações que possam, mesmo potencialmente, representar risco à saúde coletiva da população.

LEIA ATENTAMENTE OS CARTAZES A SEGUIR:

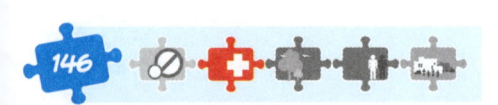

Prevenção ao envenenamento

Medicamentos

Nunca diga a seu filho que remédio é doce, faz crescer e deixa forte.

Medicamento pode causar envenenamento e deve ser tomado somente com orientação médica.

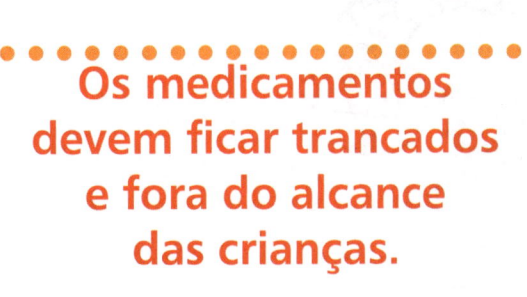

Os medicamentos devem ficar trancados e fora do alcance das crianças.

Secretaria de Estado da Saúde do Paraná - SESA
Superintendência de Vigilância em Saúde - SUS
Departamento de Vigilância Sanitária

Prevenção ao envenenamento

Produtos de Limpeza

Guarde os alimentos separados dos produtos de limpeza e venenos (inseticida, raticida e outros).

Os produtos de limpeza e os venenos devem ser guardados longe do alcance das crianças.

Nunca reutilize a embalagem, pois pode custar a vida de uma criança.

Secretaria de Estado da Saúde do Paraná - SESA
Superintendência de Vigilância em Saúde - SUS
Departamento de Vigilância Sanitária

Prevenção ao envenenamento

Sinais de Alerta

- Respiração difícil
- Desmaio
- Vômito
- Convulsão

Primeiros Socorros
- Nunca provoque vômito na vítima.
- Quando for ao médico, leve a embalagem do produto que a criança tomou.

ENTRE EM CONTATO COM O CCE CENTRO DE CONTROLE DE ENVENENAMENTO PELO 0800 41 0148

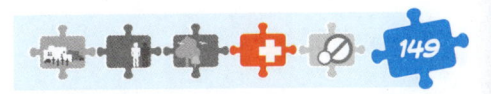

Secretaria de Estado da Saúde do Paraná - SESA
Superintendência de Vigilância em Saúde - SUS
Departamento de Vigilância Sanitária

Secretaria de Estado da Saúde do Paraná / ONG – Criança Segura.

Saiba, também, que a vigilância sanitária é um importante auxílio à população na proteção contra riscos, como:

1. Iogurtes com quantidades excessivas de amido.

2. Paciente que recebe sangue por meio de transfusão e adquire sífilis, hepatite, Doença de Chagas ou aids.

3. Medicamentos ou associações medicamentosas ineficazes ou contraditórias comercializadas livremente.

4. Xampus infantis analisados pelo INCQS (Instituto Nacional de Controle da Qualidade em Saúde), em 1988, que podem causar inflamação ocular ou mesmo a cegueira;

5. Produtos que causam danos ao corpo, alergia e prejuízos à saúde.

Você sabia que, em relação à saúde, o direito do consumidor passa, necessariamente, por quatro pontos fundamentais? São eles:

- O direito de consumir produtos e serviços suficientes para manter sua sobrevida.
- O direito de consumir produtos e serviços com boa qualidade sanitária.
- O direito à informação sobre a qualidade dos produtos e serviços.
- O acesso aos serviços públicos que atuam na defesa e proteção da saúde do consumidor.

ATIVIDADE

Uma notícia falando de um produto norte-americano feito para bebês, e que também é vendido em nosso país, causou dano irreparável.

Leia a notícia veiculada na imprensa:

"Quatro modelos de carrinhos de bebê de marca norte-americana vendidos no Brasil passarão por um alerta nos EU após relatos de que 12 crianças tiveram dedos das mãos amputados naquele país.

Trata-se de uma dobradiça. Ela permite aos pais fechar o carrinho para levá-lo na mão. O mecanismo não é coberto. O alerta visa tampar essa parte por meio de um kit a ser entregue aos clientes. A dobradiça do carrinho oferece risco de amputação ou laceração dos dedos da criança quando o consumidor está fechando ou abrindo o carrinho."

Troque ideias com o professor e os colegas sobre a importância da vigilância sanitária em casos como esse e outros.

Escreva, depois, com suas palavras a importância da vigilância sanitária para a população.

Neste volume, aprendi e ampliei ainda mais meus conhecimentos. Refleti sobre o homem e os direitos humanos, aprendi a valorizar o trabalho em suas diversas concepções, entendi a importância dos códigos e leis de um país, aprendi sobre cooperação e a ser um consumidor consciente. Mas isso ainda é só o começo!